智能网联汽车
核心技术丛书

智能网联汽车
基础理论与技术原理

张晓刚　虞忠潮　李强　著

 化学工业出版社

·北京·

内容简介

《智能网联汽车基础理论与技术原理》是"智能网联汽车核心技术丛书"中的一册，全面、系统地介绍了智能驾驶与智能网联汽车领域的核心技术，内容涵盖环境感知、检测与识别、高精度地图与定位、决策控制、网络通信、车联网、智能座舱以及网络安全等多个方面，通过深入剖析各种传感器、算法、系统架构与应用实例，为读者提供了丰富的专业知识与实践指导。本书特色在于其全面性和实用性，不仅详细阐述了各项技术的理论基础，还分析了技术的最新进展与未来趋势。此外，本书注重理论与实践相结合，通过具体的技术实现方法与案例分析，帮助读者更好地理解和掌握相关技能。

本书适合智能驾驶与智能网联汽车领域的科研人员、工程师、产品经理及相关专业学生等阅读。无论是希望深入了解行业前沿技术的专业人士，还是初学者，都能从本书中获得宝贵的知识与经验。

图书在版编目（CIP）数据

智能网联汽车基础理论与技术原理 / 张晓刚，虞忠潮，李强著. -- 北京：化学工业出版社，2025.4.（智能网联汽车核心技术丛书）. -- ISBN 978-7-122-47582-4

Ⅰ．U463.67

中国国家版本馆CIP数据核字第20256MY116号

责任编辑：雷桐辉
文字编辑：张　宇
责任校对：张茜越
装帧设计：王晓宇

出版发行：化学工业出版社
（北京市东城区青年湖南街13号　邮政编码100011）
印　　装：河北延风印务有限公司
787mm×1092mm　1/16　印张12¼　字数241千字
2025年6月北京第1版第1次印刷

购书咨询：010-64518888　　　　售后服务：010-64518899
网　　址：http://www.cip.com.cn
凡购买本书，如有缺损质量问题，本社销售中心负责调换。

定　　价：89.00元　　　　　　　　版权所有　违者必究

前言
PREFACE

当前，面对全球数字化和智能化的浪潮，各个产业的转型速度正不断加快。作为国民经济的支柱性产业，汽车产业的变革周期也越来越短。在技术创新、政策刺激以及市场催化等多重因素的共同作用下，汽车产业与信息通信、人工智能、能源动力等领域的变革性技术加速融合，正逐渐形成新的发展格局。

为推动汽车产业高质量发展，加快建设汽车强国，2020年11月，国务院办公厅印发《新能源汽车产业发展规划（2021—2035年）》，强调电动化、网联化、智能化是汽车产业的发展潮流和趋势。

汽车产业的网联化发展，有助于实现车辆的深度智能应用。互联网是智能网联汽车重要的基础技术，网联化不仅能够为用户提供集驾驶服务、信息服务、娱乐服务等为一体的车联网系统，也能够为智慧交通的发展奠定基础。为此，需要以网络为基础、以数据为纽带，推进用户与车端、路端、云端的高效协同，集成车辆感知、交通管控乃至城市管理层面的相关信息，构建数据处理与共享服务平台，加深信息通信技术在汽车产业的融合应用。

汽车产业的智能化发展，有助于推动车辆成为移动智能终端和数字空间。近几年，深度学习、机器学习等人工智能技术取得了明显进步，并为车辆的智能化发展提供了无限可能。一方面，人工智能技术与汽车产业的融合，能够提升单车的智能化水平，基于环境感知、决策与控制系统，车辆能够在不依赖人为操控的情况下完成自主驾驶；另一方面，人工智能技术与汽车产业的融合，能够推动车联网技术的发展，通过将车辆与运行环境中的其他车辆、道路基础设施以及行人等建立实时连接，能够极大提升车辆运行的效率和安全性。

为了加速智能网联汽车领域的技术创新，推动汽车产业的健康发展，我国政府陆续出台了一系列政策法规，并不断完善相关标准体系。

比如,《中国制造 2025》《交通强国建设纲要》《新一代人工智能发展规划》等政策文件从不同层面对智能网联汽车产业的发展前景进行了规划。此外,一系列聚焦智能网联汽车数据安全、测试与评价等环节的政策文件也陆续出台,比如,2022 年 11 月,工业和信息化部会同公安部组织起草了《关于开展智能网联汽车准入和上路通行试点工作的通知(征求意见稿)》,力图通过试点逐步优化和完善智能网联汽车的准入机制和道路交通管理安全体系,并在试点过程中获取和应用实践经验。

在科技飞速发展的时代,智能网联汽车是智慧交通系统中的关键组成部分。根据相关机构的预测,未来几年全球智能网联汽车市场的规模将快速增长。我国作为全球最大的汽车市场之一,得益于良好的汽车产业基础以及强劲的数字经济发展动能,智能网联汽车的市场渗透率必将不断提升,成为我国汽车市场的主要增长点。

本书聚焦智能网联汽车基础理论与技术原理,详细阐述智能网联汽车涉及的多项关键技术,深入探讨不同技术的体系架构、应用以及发展趋势,力求为读者提供全面而详尽的视角。此外,由于本书是"智能网联汽车核心技术丛书"中的一册,因此推荐读者结合丛书中的其他书籍对照阅读,以便对智能网联汽车产业的发展有更加全面系统的了解和更为深入准确的把握。

由于作者水平有限,书中不足之处请读者批评指正。

著者

目录 CONTENTS

第1章　环境感知技术 001
　1.1　环境感知传感器 002
　　1.1.1　环境感知系统 002
　　1.1.2　视觉传感器 007
　　1.1.3　超声波雷达 010
　　1.1.4　毫米波雷达 012
　　1.1.5　激光雷达 014
　1.2　2D 视觉感知算法 016
　　1.2.1　目标检测 016
　　1.2.2　目标跟踪 019
　　1.2.3　语义分割 020
　1.3　3D 视觉感知算法 020
　　1.3.1　单目 3D 感知 020
　　1.3.2　双目 3D 感知 022

第2章　检测与识别技术 024
　2.1　道路检测与识别 025
　　2.1.1　道路检测与识别方法 025
　　2.1.2　道路检测与识别算法 027
　2.2　行人检测与识别 029
　　2.2.1　行人检测系统的技术与应用 029
　　2.2.2　基于计算机视觉的行人检测 031
　　2.2.3　行人检测与跟踪的主要方法 033

2.3　交通标志识别技术 036
　　　　2.3.1　交通标志识别的技术原理 036
　　　　2.3.2　道路交通标志识别的方法 038
　　　　2.3.3　道路交通标志识别的应用 040

第3章　高精度地图与定位技术 042
　　3.1　高精度地图与定位技术概述 043
　　　　3.1.1　高精度地图的基础知识 043
　　　　3.1.2　高精度地图的应用价值 044
　　　　3.1.3　高精度地图的数据结构 046
　　　　3.1.4　高精度地图的数据生产 048
　　　　3.1.5　高精度地图的实现方法 050
　　3.2　高精度地图的关键技术体系 051
　　　　3.2.1　数据采集 051
　　　　3.2.2　数据处理 054
　　　　3.2.3　数据融合 055
　　　　3.2.4　地图发布 056
　　　　3.2.5　安全合规 057
　　3.3　视觉 SLAM 系统技术与应用 057
　　　　3.3.1　SLAM 系统结构与原理 057
　　　　3.3.2　视觉 SLAM 分类与流程 061
　　　　3.3.3　激光 SLAM 的主流算法 062
　　　　3.3.4　视觉 SLAM 系统的应用 066

第4章　决策控制技术 068
　　4.1　自动驾驶行为决策模型及算法 069
　　　　4.1.1　有限状态机模型 069
　　　　4.1.2　深度学习模型 071
　　　　4.1.3　决策树模型 074
　　　　4.1.4　贝叶斯网络模型 075
　　4.2　智能车辆路径控制的系统设计 077
　　　　4.2.1　智能车辆的控制架构设计 077
　　　　4.2.2　智能车辆控制的核心技术 080

    4.2.3 智能车辆的横向控制设计 081
    4.2.4 智能车辆的纵向控制设计 083
    4.2.5 智能车辆控制的技术方案 085
  4.3 自动驾驶路径跟踪的控制方法 087
    4.3.1 经典控制方法 087
    4.3.2 最优控制方法 089
    4.3.3 模糊控制方法 090
    4.3.4 鲁棒控制方法 092
    4.3.5 自适应控制方法 093
    4.3.6 模型预测控制方法 095

第5章 智能网联汽车网络通信技术 097
  5.1 智能网联汽车网络系统 098
    5.1.1 车载网络系统基本概述 098
    5.1.2 车载网络通信系统 098
    5.1.3 车载自组织网络 100
    5.1.4 车载移动互联网 101
  5.2 车内总线通信技术 102
    5.2.1 CAN 总线 102
    5.2.2 LIN 总线 103
    5.2.3 FlexRay 总线 104
    5.2.4 MOST 总线 105
    5.2.5 车载以太网 106
  5.3 车载无线通信技术 107
    5.3.1 UWB 技术 107
    5.3.2 星闪技术 112
    5.3.3 V2X 技术 115
    5.3.4 NFC 技术 116
    5.3.5 蓝牙技术 118

第6章 车联网（V2X）技术 120
  6.1 车联网的应用场景与产业路径 121
    6.1.1 车联网的应用场景分析 121

6.1.2　车联网的应用场景参数 123
　　　6.1.3　车联网产业的政策体系 125
　　　6.1.4　我国车联网商业化应用 126
　6.2　5G 车联网的体系架构及其应用 128
　　　6.2.1　5G 技术赋能车联网发展 128
　　　6.2.2　车联网对 5G 网络的需求 129
　　　6.2.3　5G 车联网的关键技术体系 131
　　　6.2.4　5G 车联网的典型应用案例 133
　6.3　基于 5G 云网融合的车联网应用 136
　　　6.3.1　5G 云网融合的必要性 136
　　　6.3.2　云网融合架构的演进 138
　　　6.3.3　云网资源共享 140
　　　6.3.4　云网能力开放 141
　　　6.3.5　云网协同管理 142

第7章　智能座舱技术 144
　7.1　智能座舱技术基础知识 145
　　　7.1.1　智能座舱的概念与发展 145
　　　7.1.2　智能座舱的构成与功能 146
　　　7.1.3　智能座舱的架构与应用 148
　　　7.1.4　智能座舱域控制器技术 150
　7.2　智能座舱语音交互技术 152
　　　7.2.1　语音交互技术概述 152
　　　7.2.2　语音交互技术的两大类型 153
　　　7.2.3　语音交互系统的基础框架 155
　　　7.2.4　语音交互技术的应用场景 156
　7.3　智能座舱多模态交互技术 157
　　　7.3.1　多模态交互技术的主要内容 157
　　　7.3.2　基于安全信息的多模态交互 159
　　　7.3.3　基于娱乐信息的多模态交互 160

第8章　网络安全技术 162
　8.1　汽车网络安全风险管理 163

         8.1.1 概念阶段的安全风险管理..163
         8.1.2 开发阶段的安全风险管理..164
         8.1.3 后开发阶段的安全风险管理..165
         8.1.4 HEAVENS 威胁分析与风险评估..165
    8.2 网络安全攻击与防御技术..167
         8.2.1 网络安全攻击案例..167
         8.2.2 网络安全攻击目标..168
         8.2.3 网络安全攻击模型..170
         8.2.4 网络攻击防御技术..172
    8.3 车载网络通信安全..175
         8.3.1 车辆信息安全架构与开发..175
         8.3.2 域集中式 EEA 安全隐患与检测..176
         8.3.3 域控制器层的安全防护..179
         8.3.4 车内网络层的安全防护..180
         8.3.5 汽车 ECU 层的安全防护..182

参考文献..183

第1章
环境感知技术

1.1 环境感知传感器

1.1.1 环境感知系统

随着信息技术的不断发展，以及用户体验需求的不断提高，实现汽车和服务设施、云端以及彼此间的互联与信息交流成为汽车技术研发的重要方向。当前，依托信息技术与ITC技术，已经有一批满足上述要求的汽车问世，这类汽车被称为智能网联汽车。

这类智能网联汽车在研发的过程中搭载了环境感知系统。这是为了通过实现对驾驶外环境的监测及障碍物感应来为当前的驾驶提供更加安全的环境，让驾驶人员的驾驶体验更佳，并为新出现的智能驾驶和高端驾驶的牵引力控制、ABC车身主动控制、ABS制动防抱死等辅助操作系统收集数据。这种环境感知系统功能是通过多样化的传感器技术和高度智能的计算实现的。

（1）环境感知系统架构

智能网联汽车所搭载的环境感知系统初步实现了高级驾驶辅助系统（advanced driving assistance system，ADAS），能够对驾驶过程中的重要信息如交通信号、路况等进行感应，并及时将这些信息传送至车辆的中心控制系统，辅助车辆进行决策。而这种功能之所以能够实现，是因为环境感知系统所搭载的传感器和雷达运用了超声波、毫米波、激光、V2X通信等技术，从而让车辆有了"听觉""视觉""触觉"。

构成环境感知系统的是一个个有着不同功能的单元，它们各自配合，完成信息的采集、处理和传输等主要任务。其系统构成如图1-1所示。

① 信息采集单元：车辆智能化驾驶的原理是让汽车元件和感知系统代替人的感官，及时采集与车外驾驶环境有关的信息，而这也是智能网联汽车正常运行所需要的条件。而负责信息采集工作的单元主要是由具有惯性质量或惯性电性的电子元器件、全球定位系统（global positioning system，GPS）、视觉和超声波传感器、激光和毫米波雷达以及汽车本身所搭载的网络所构成的。

② 信息处理单元：信息采集单元所采集的车外驾驶环境信息会被传输至这一单元，此单元的相关程序对信息进行筛选辨别，做出反应以保证车辆驾驶的安全性。

③ 信息传输单元：由显示系统、报警系统、能够根据环境变化及时做出反应的分布式智能化网络系统（传感器网络）和车辆所搭载的移动自组织网络构成。其主要功能是对上一单元所传来的信息进行接收并执行操作指令。

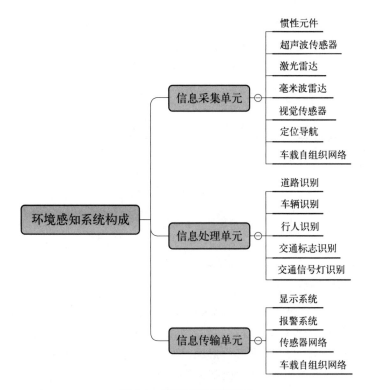

图1-1 环境感知系统构成

（2）环境感知传感器的类型和配置

智能网联汽车的智能化驾驶程度和其上安置的传感器数量呈正相关。负责对环境进行感知的传感器主要包括超声波传感器、毫米波雷达、激光雷达和视觉传感器。环境感知传感器主要包括如表1-1所示的几种类型。

表1-1 环境感知传感器的主要类型

传感器类型	具体内容
超声波传感器	超声波传感器主要应用于短距离探测物体，不受光照影响，但测量精度受测量物体表面形状、材质的影响大。其在智能网联汽车上主要用于自动辅助泊车，具有结构简单、体积小、成本低的特点
毫米波雷达	毫米波雷达是智能网联汽车应用最广泛、最重要的传感器，可以准确检测前方障碍物的距离和速度信息，抗干扰能力强，具备较强的穿透雾、烟、灰尘的能力，受天气情况和夜间的影响小，体积小；但对于行人，反射波较弱，难以探测
激光雷达	激光雷达是无人驾驶汽车的必备传感器，能够直接获取物体的三维距离信息，测量精度高，对光照环境变化不敏感，抗干扰能力强，是智能网联汽车发展的最佳技术路线；但是其成本较高
视觉传感器	视觉传感器包括单目摄像头、双目摄像头、三目摄像头和环视摄像头。单目摄像头、双目摄像头、三目摄像头主要应用于中远距离场景，能识别清晰的车道线、交通标识、障碍物、行人等；环视摄像头主要应用于短距离场景，可识别障碍物

在进行传感器的选取时，可供选择的对象有很多，但汽车各个方面的性质关系数据和智能驾驶级别的不同，影响着其对环境感知传感器配置的要求，因而需要结合多种条件进行选取。同时也要考虑传感器（包括超声波传感器、毫米波雷达和激光雷达等）本身的探测距离和角度，如表1-2所示。

表1-2 环境传感器配置

传感器	数量	最小感知范围	备注
环视摄像头（高清）	4	8m	前、侧向毫米波雷达信息处理策略有差异，不能互换；毫米波雷达和激光雷达互为冗余；不同供应商的传感器探测范围有差异，表中数据仅供参考
前视摄像头（单目）	1	50°/150m	
超声波传感器	12	5m	
侧向毫米波雷达（24GHz）	4	110°/60m	
前向毫米波雷达（77GHz）	1	15°/170m	
激光雷达	1	110°/100m	

（3）环境识别的分类及其方法

① 道路识别：智能网联汽车的环境感知系统毕竟不能等同于人眼，无法直接对现实场景中的道路进行识别，这时候就需要通过激光雷达来帮助汽车"认路"；或者是让汽车所搭载的视觉传感器帮助汽车"看到"自己当前所处的位置。在不同的道路场景中，可应用的道路识别方法也不同——可以对实际场景中的道路进行区域划分、收集道路关键信息、建立道路模型，也可以综合道路信息与模型辅助判断道路。

道路识别的分类及道路图像特点如图1-2所示，道路识别方法如图1-3所示。

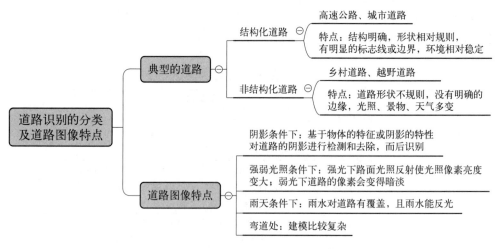

图1-2 道路识别的分类及道路图像特点

② 车辆识别：主要对象是车辆的车牌信息，这一点需要借助摄像设备对信息进行采集，并运用相关技术对图像进行处理，以便对其进行辨别和控制。获取行驶

状态下的车辆信息,可以通过辨别车辆特征、借助机器学习、光流场识别、建立车辆模型并识别等方法来实现。车辆识别方法如图 1-4 所示。

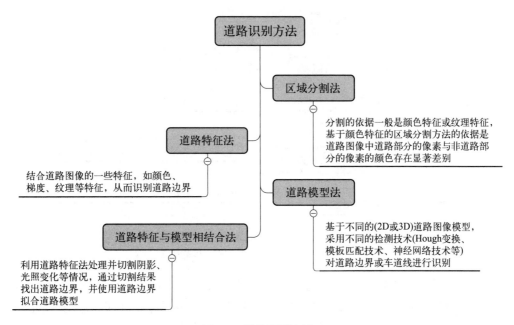

图 1-3　道路识别方法

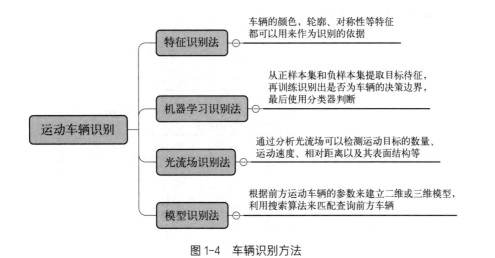

图 1-4　车辆识别方法

③ 行人识别:让车辆在行驶中可以立即精准地"看"到车辆附近的人、动物等,将信息传输给中央控制系统以便车辆能够及时做出反应,避开行人。行人识别方法包括特征分类识别法、模型识别法、运动特征识别法、形状模型识别法、小波变换支持向量机法、神经网络法等。行人识别方法如图 1-5 所示。

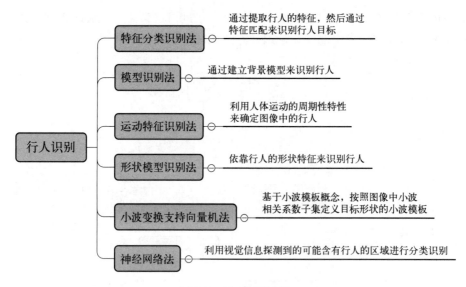

图 1-5　行人识别方法

④ 交通标志识别：道路交通标志是为驾驶人员提供指引、保证驾驶顺利、确保交通秩序有序的重要信息，其所包含的信息可以分为警告、禁止和指示三大类。对交通标志进行识别可以通过其颜色、形状、显著特点来完成，也可以先提取信息，筛选出特征，随后让机器进行学习以实现智能化识别。交通标志的分类及识别方法如图 1-6、图 1-7 所示。

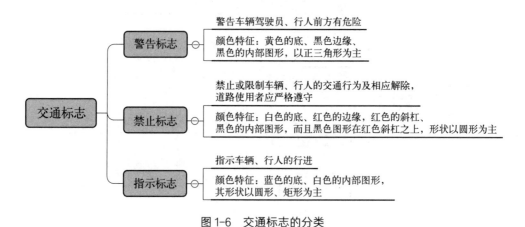

图 1-6　交通标志的分类

综上所述，对于各种各样的先进传感器以及算法的研究为智能网联汽车的环境感知系统提供了技术支撑。而环境感知系统本身的目的则是充当"眼睛"和"耳朵"的角色，通过传感器、摄像记录设备、雷达等"感官"来获取驾驶过程中外部环境的信息，并做出处理，让驾驶更科学、更安全、更智能。

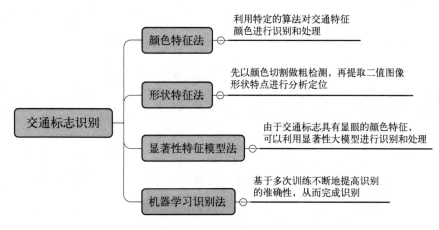

图1-7　交通标志识别方法

1.1.2　视觉传感器

视觉传感器在智能网联汽车中充当的是"眼睛"的角色。相比于人眼，视觉传感器识物能力毫不逊色——车道线、行驶阻碍物、各类标识物、各类信号等都可以被其感知到。视觉传感器对环境的感知主要是对环境中的图像进行采集，随后交由相关的机器系统进行处理。其构成包括光圈、镜头、将光像转化为电信号的传感器、模数转换器以及对图像进行处理和存储的器件。

视觉传感器在辅助汽车智能驾驶方面作用巨大，在日常应用场景中众多预警、识别类 ADAS 功能需要借助它得以实现。其工作内容包括三个方面：一是通过摄像头获取环境的图像信息；二是通过图像处理技术从所获取的图像中提取出目标的面积、重心、尺寸、方向与位置等信息；三是将所提取的信息以数据的形式进行输出，辅助决策单元进行分析。

（1）视觉传感器的结构和原理

通常情况下，视觉传感器由以下三个基本单元构成。

① 光学单元：这一单元主要功能在于通过镜头和光圈对光线进行调整，并完成对焦，让目标物体在感光元件上成功成像。

② 感光元件：一般选用半导体芯片如 CMOS 或 CCD，其主要作用是完成光信号到电信号的转化。感光元件上像素与电荷量之间的一一对应关系是其成像的基础，当电荷量由于光线作用发生改变时，就产生了图像。

③ 图像处理部分：感光元件获取的图像被传输至该部分进行图像增强、图像分割、目标检测等处理分析，完成图像的分析和处理需要借助计算机算法和数字信号处理技术。

（2）视觉传感器的类型与特点

汽车所搭载的视觉传感器类型是由其工作原理与配置方式所决定的，包括单目、多目、环视、红外夜视等视觉传感器类别。表1-3对各类视觉传感器的技术特点进行了详细的列举与对比。

表1-3　各类视觉传感器技术特点对比

视觉传感器种类	测距原理	优点	难点
单目视觉传感器	通过图像匹配进行目标识别，再通过图像目标大小估计目标距离（先识别后测距）	成本较低；对计算资源要求不高；系统结构简单；算法成熟度高	距离并非真正意义上的测量，物体越远，精度越低；需要不断更新和维护样本数据库，来保证系统较高的识别精度；无法对非标准障碍物进行判断
多目视觉传感器	加入深度信息，通过多幅图像视差进行距离测量（先测距后识别）	无识别率的限制；感知范围、测量精度高于单目视觉传感器；无须维护样本数据库	标定工作量大，算法要求高；双目系统量产化、小型化难度较大；双目配准效果会影响测距准确性；成本较单目系统高
环视传感器	使用多个鱼眼摄像头图像进行数字图像拼接，将同一时刻采集到的视频影像处理成360°车身俯视图	视野广；在陡峭或恶劣环境地面，能够清晰显示地面全息实景图像；可配合其他传感器用于高精度地图数据采集	会产生失真变形现象；对视觉传感器分辨率要求高；算法要求高
红外夜视传感器	采用红外线照射目标，依靠照射系统识别红外反射波，探测器接收目标反射的红外线并输出	探测距离较远；图像质量稳定；可识别道路标志物	受天气影响大；成本较高

① 单目视觉传感器：当前用于辅助驾驶的单目视觉传感器识别距离为40~120m，其视角宽窄与其精确检测距离成反比。

单目视觉传感器的优点是可以辅助车辆通过车道和车辆检测进行车道保持和自适应巡航。其缺点是对训练样本的依赖程度高，难以对其特征提取过程进行监测和干预，且精确度比激光雷达和毫米波雷达低。

② 双目视觉传感器：在目标识别过程中，双目视觉传感器与单目视觉传感器所使用的目标提取方式一样。其优点在于能够通过机器学习对目标进行进一步识别，且图像测量与激光测量的优点兼而有之，甚至在点云数量上优于激光雷达。但双目视觉传感器的运行需要强大的算法支撑，一般需要配置具有较强计算能力的嵌入式芯片。

③ 环视传感器：环视传感器能够捕捉到车辆周围环绕场景的信息，实现真正的"360°无死角"。各类交通标志、道路上的行人、车辆及障碍物的状况均可以被其精确感知捕获。其原理是通过搭载至少4个宽FOV广角摄像头（鱼眼镜头）对信息进行采集，随后将画面拼接来提供图像。它除了被应用在倒车、泊车以及车辆自动驾驶中，也常常被应用于高精度地图数据的采集中。

环视传感器最终生成的图像不是平面图像而是360°环绕的平滑不间断视觉图像，这是因为其多个摄像头所采集的画面信息数据在生成后实时传输至汽车所搭载的处理器得到了同步修正、拼接与合并。以下是其具体工作步骤：

- 摄像头安装：安装摄像头的基本原则是能够获得更多的图像信息，更大的画面范围，因而鱼眼镜头是首选，同时要注意角度的调整。安装的位置一般为车辆的前后左右。
- 图像传输：传输的信息是被传感器所获取的外部画面，终端是车辆所搭载的处理器件。这一过程可以借助车辆内部线路或无线通信实现。
- 图像校正：鱼眼镜头对环境进行拍摄的过程中会产生畸变，导致图像变形。处理器需要对这些产生畸变的图形进行校正，使得所获取的画面与实际环境更为贴近。几何畸变校正、投影变化等技术是较为常用的处理方法。
- 图像拼接：将汽车不同方位上安装的摄像头所获取的画面拼合成平滑不间断的360°环绕图像。在拼合的过程中需要注意画面的先后次序、角度与场景的差异以保证拼合后画面的呈现效果。
- 图像展示：环境传感器最终是为了给驾驶员提供驾驶所需的画面信息，其与驾驶员的交互是借助显示器实现的，即最终的画面图像通过车辆上的显示器同步给驾驶员。

④ 红外夜视传感器：红外热成像仪是一种搭载了红外热成像技术的电子装置。其原理是捕捉对象的温度信息，利用对象本身表面的温度差以及与周围环境的温度差对比来实现成像，如图1-8所示。这一原理的实现是因为物体（高于-273°）热效应在红外光部分最为显著，具有发出红外辐射的特性。

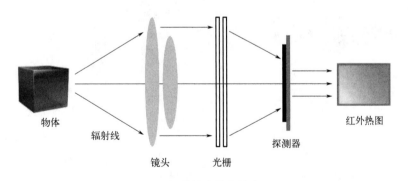

图1-8 红外热成像仪技术原理

红外热成像仪在成像前需要先在光敏元件上生成物体的热能量（辐射能量）分布图。光学系统确定目标物体后，由光机扫描部件获取目标的精准红外辐射信息，形成红外热像。探测器对单元或分光探测器上的红外辐射进行处理，完成红外辐射到电信号的转化。为了能够让显示器能够正常显示出图像，还需要进行放大、转换等步骤。

在实际的目标检测中，物体的红外辐射热像分布图因为信号弱的原因往往呈现效果不佳。为了有效解决这一问题，保证对目标红外热分布场判断的有效性，需要通过控制图像亮度和对比度、实标校正、使用伪色彩描绘等高线图和直方图等辅助措施来使仪器的功能更具实用性。

1.1.3 超声波雷达

超声波是振动频率高于 20kHz 的机械波，具有频率高、波长短、方向性好等性质，因而超声波技术可以被运用到传感器研发中，制造出超声波传感器。其主要工作原理是在其频率范围内进行交变电磁场与声场中声电信号的双向转化。无人驾驶汽车中的机器人防撞功能就是其在汽车中的应用之一。

（1）超声波传感器的特点

超声波传感器是利用超声波发送与接收的时间差进行距离测算的一类传感器，具有如下特点。

① 传感器所采用探头的工作频率决定了探测的范围以及灵敏度，由于一般采用 40kHz 的探头，因此其有效探测距离不超过 10m。不过，在有效探测距离内还会存在一个数值为几十毫米的探测盲区，如图 1-9 所示。

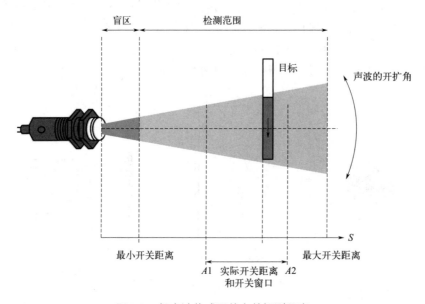

图 1-9　超声波传感器的有效探测距离

② 超声波的传播速度主要受介质、温度、风速和气压影响，色彩、光照、外界光线和电磁干扰对其探测结果影响不大，因此其能够识别透明、半透明和漫反射差的物体，也能够在一些光照度低、空气中颗粒物多，以及有强烟雾和电磁场干扰

的环境中工作。

③ 超声波传感器结构简单、制造方便、小巧轻便、成本低廉，能够实时控制且方便小型化与集成化工作。

（2）超声波传感器的测距原理

超声波传感器的探测效果受天气、车速和距离的影响。首先，天气会影响超声波的传输速度，不同温度和气压下超声波传播的快慢不同；其次，车速会影响超声波传感器的准确性，超声波无法及时适应高速行驶中汽车的车距变化，因而会产生测量误差；最后，距离会影响超声波传感器的精确度，超声波与空气中粒子碰撞后方向偏移角度大，信号会随着距离增加而衰减，因而当距离较远时，超声波的测量精度较低。但这些局限并不能掩盖超声波在较近距离、较低速度下所展现出来的优势。

（3）超声波传感器的类型

以安装位置作为分类依据，智能网联汽车上的超声波传感器可分为两类。一类是驻车辅助传感器，简称 UPA，其主要安装位置为汽车的前、后保险杠，探测距离在 0.15～2.5m，主要功能是对汽车前方和后方出现的物体进行识别。另一类为泊车辅助传感器，简称 APA，其主要安装位置在车辆侧方，探测距离在 0.3～5m，主要功能是在汽车停车时对车位的大小进行测量。

（4）超声波传感器的主要参数

超声波传感器的主要参数如图 1-10 所示。

图 1-10　超声波传感器的主要参数

① 测量距离。超声波传感器使用的波长和频率决定了其探测范围，其中波长与检测距离成正比，频率与检测距离成反比。PDC 传感器（短距超声波）用于对车辆前后方向的障碍物进行识别，其探测范围为 0.15～2.5m；PLA 传感器（长距

超声波)用于对汽车侧方物体进行识别,探测范围为 0.3～5m。

② 测量精确度。测量精确度所反映的是传感器测量所得数据与实际数值之间的误差,精确度高低决定着测量数据的可信程度。影响超声波传感器测量精确度的因素包括目标的大小、表面形状和平滑程度,表面材料是否影响声波等。一般过小、表面不平整且材料会吸收声波的物体,其探测精度较低。

③ 波束角。波束角产生于超声波传播过程中能量的衰减。当传感器向外发出声波时,其中轴线方向上的声波能量最强,并渐渐向其他各个方向递减。如果我们以传感器中轴线及其延长线为一条边,在超声波能量衰减至一半处作一条能量分界线,以之为另一边,那么所得到的角就是波束角。波束角的大小与超声波的指向性好坏成反比。拥有较窄的 6°波束角的传感器可以用于较小物体的测量,而一些波束角达到 12°～15°的传感器则更适合对倾角较大的物体进行检测。

④ 工作频率。超声波在传播过程中会产生一定的能量损耗(扩散损失、吸收损失)和噪声,这些都受工作频率的直接影响,因而考虑到传感器的方向性和信噪比,一般选择 40Hz 的工作频率,虽然相比于更低的频率传播损失更高,但处于发射和接收工作的可接受范围内。此外,工作频率还决定着传感器的尺寸。

⑤ 抗干扰性能。超声波的本质是机械振动产生的机械波,因而超声波传感器在工作时会受到环境中噪声的干扰,影响其对探测对象发射回来的信号的接收,因此,抗干扰能力是超声波传感器必备性能之一。

1.1.4 毫米波雷达

毫米波通常是指 30～300GHz 频域(波长为 1～10mm)的波,在这一范围内进行工作的雷达称为毫米波雷达,其主要用途是实现对车辆的控制,对道路、路况以及视觉死角的监测,辅助车辆制动等,其在先进驾驶辅助系统中得到了大范围的应用。在智能网联汽车中,其应用主要集中在帮助车辆巡航控制系统实现自适应、帮助预警系统采集碰撞信息、为自动制动系统提供辅助、对盲区进行监测、辅助自动泊车等。

毫米波雷达的主要特点如表 1-4 所示。

表1-4 毫米波雷达的主要特点

序号	主要特点
1	探测范围在 0～250m,探测距离数值高,视角大,采集信息的范围大
2	对工作环境要求度低,如在恶劣环境中也可做到 24h 工作,可抵抗颜色与温度干扰,信号集中率高、分辨率高
3	系统灵敏、能够短时间内快速反应、辐射指向性好、低空环境下对物体进行追踪精确度高
4	轻便小巧、技术发展完善、制作难度低,性价比高
5	具有较强的抵御干扰能力,地面杂音和乱波对其工作影响较小
6	扇形探测范围,存在覆盖不到的区域;识别不出交通指示牌信息和信号灯

车载毫米波雷达的工作原理如图 1-11 所示，包括发射模块、接收模块、信号处理模块及天线四个部分。在工作中，由雷达天线进行探测毫米波的发射及反射信号的接收；信号处理模块对信号进行处理，提取出车辆与探测对象的相对距离、速度、角度及运动方向等信息，并以此为依据完成目标的追踪与识别，辅助电子控制单元进行决策，并根据车辆实际情况对驾驶员进行提醒或迅速做出下一步驾驶行动（限制行动、干预转向等）。

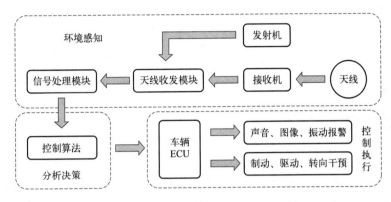

图 1-11　车载毫米波雷达工作原理

根据工作原理分类，毫米波雷达可分为脉冲信号式毫米波雷达和调频式连续毫米波雷达两类。在对目标进行探测时，脉冲信号式毫米波雷达会分别记录发出与接收电磁脉冲信号的时间，并得出时间差，通过计算得出目标的位置信息。但其在汽车领域应用不广，因为其工作要求对收发设备进行隔离，并要实现在极短时间内发射高强度脉冲信号，这使得其硬件结构精密烦琐，也增加了制造成本；此外当运动速度较高时，环境干扰会对其系统反应速度造成影响，也限制了其大范围应用。

当前阶段汽车毫米波传感器配置方案中选择最多的方案是调频式连续毫米波雷达。其对目标信息的测量主要应用了多普勒效应，对发射信号与反射信号的频率进行对比，通过计算得出目标与雷达的相对位置信息，从而实现对多个对象的识别。

根据探测距离的不同，毫米波雷达可分为短程毫米波雷达（SRR）、中程毫米波雷达（MRR）、远程毫米波雷达（LRR）三种。在涉及的工作频段方面，24GHz毫米波雷达已经具备比较成熟的性能；77GHz 毫米波雷达的速度分辨率和精度更高，同时成本也相对较高；79GHz 毫米波雷达具有比 77GHz 毫米波雷达更为出色的性能表现，因此具有不错的发展前景。不同探测距离毫米波雷达技术特点对比如表 1-5 所示。

表1-5　不同探测距离毫米波雷达技术特点对比

参数	短程毫米波雷达 SRR	中程毫米波雷达 MRR	远程毫米波雷达 LRR
工作频段 /GHz	24.05～24.25	76～77	77～81
带宽 /GHz	0.2	1	4
探测距离 /m	0.15～100	1～200	10～250
测距精度 /m	±0.02	±0.1	±0.1
水平角 /(°)	±80	±45	±15
仰俯角 /(°)	±10	±5	±5
方位精度 /(°)	±1	±0.5	±0.1
测速精度 /(m/s)	±0.1	±0.1	±0.1
ADAS 主要功能	DOW、AEB、FCW、LCA、BSD 等	ACC、BSD、AEB、LCA、PSD 等	ACC、AEB、FCW 等
国内频段	已批准	已批准	未开放民用

1.1.5　激光雷达

激光雷达（light detection and ranging，LiDAR）是一种光学遥感传感器。其通过精准获取物体的长宽高数据，呈现出物体结构，往往用于确定目标的远近、方向位置、离地距离以及物体的运动速率、方向、方式等信息，从而实现监测、追踪和辨别目标对象的功能。

通过这一功能，可以对汽车所处的外部环境进行 3D 建模，是当前智能汽车环境感知领域中被认为效果最好的配置方案。其原理是通过激光发射装置向物体发射用于探测的激光脉冲，比对接收信号和发射信号并将之输出为坐标系下的点的数据集（点云），传输给相关的处理系统辅助决策。

激光雷达的主要特点如表 1-6 所示。

表1-6　激光雷达的主要特点

序号	主要特点
1	图像清晰度高。激光雷达可以同时面向多个目标物展开追踪；在空间中对多个目标进行区分的最小距离可低至 5cm；速度分辨率可达 10m/s
2	探测范围大。可探测到的最大距离超过 300m，在水平方向上能够实现 360°环绕，垂直方向上的视场角可以达到 40°
3	可识别信息种类多。除了能够对道路上的车辆信息进行探测，还能实现对路面平整度、路面乱石障碍、抛洒物的识别
4	工作环境要求低，不需要外接光源，可以连续 24h 工作
5	隐藏性高，抵御干扰能力强。其发射口直径较小，接收覆盖面小，对其构成干扰的源头少
6	当处于同一频率范围时，雷达之间容易产生干扰，此外，具备同时发射及接收多束激光功能的光旋转测距雷达成本较高，且受天气（大雨及空气中颗粒物含量高）影响大

不同于在声段工作的超声波雷达，激光雷达的工作范围主要集中在光波的频

段。其探测的对象包括给定目标的位置、运动的速度和运动主体的形态,通过对目标的感应在不同的需要下完成寻找、分辨和追踪目标的任务。

其主要原理是通过发射激光束并比较返回的激光束与发射时所用时间差异来实现探测功能。在智能网联汽车中,其主要应用于对车辆进行定位(精确度高)、检测道路障碍、车辆智能停泊、预防警示车辆偏离预设路线、防止碰撞、保护行人、紧急情况下自动制动等方面。

激光雷达的结构因其类型不同而有一定差别。但从整体来看,一般都由激光发射、激光接收、信息处理、扫描四大系统构成。

① 激光发射系统:包括驱动电路、激光器、激光调制器和发射光学系统。驱动电路负责周期性地驱动激光器产生激光脉冲,激光调制器通过光束控制器负责对光线的方向和线数进行调整,最后由发射光学系统负责激光的发射。

② 激光接收系统:包括接收光学系统、光电探测器和传输线路。光电探测器对物体反射的激光信号进行接收,随后由传输线路传输至下一系统。

③ 信息处理系统:包括放大器和控制单元。放大器对信号进行放大处理和数模转换,控制单元负责对目标进行分析建模。

④ 扫描系统:负责对激光束的空间投影方向进行改变,并以一定速度旋转扫描所在平面,生成实时平面图,为激光雷达 3D 建模及实时定位功能的实现提供条件。

具体组成原理如图 1-12 所示(图示不包含扫描系统)。

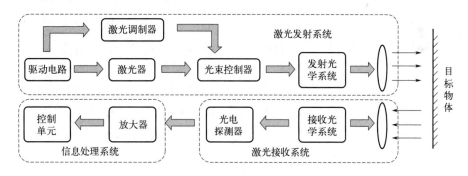

图 1-12 激光雷达组成原理

根据扫描系统的原理差异,激光雷达可以分为如表 1-7 所示的三种类型。

表 1-7 激光雷达的三种类型

主要类型	具体内容
机械激光雷达	配置有能够进行旋转的机械结构用以对激光的发射角度进行控制,全面扫描目标
混合固态激光雷达	内部安装有可以旋转的玻璃片,通过玻璃片的转动控制光束的角度,包括微机电系统(micro electromechanical system,MEMS)、转镜式、棱镜式三类
固态激光雷达	没有配备机械旋转装置,通过电控实现光束控制,主要有 Flash 和光学相控阵 OPA 两种类型

不同扫描系统原理的激光雷达技术特点如表 1-8 所示。

表1-8 不同扫描系统原理的激光雷达技术特点对比

项目	机械激光雷达	混合固态激光雷达			固态激光雷达	
		MEMS	转镜式	棱镜式	Flash	OPA
技术特点	带有控制激光发射角度的旋转部件,在竖直方向排列多组激光束,通过360°旋转进行全面扫射	通过控制微振镜以一定谐波频率振荡发射激光器光线,实现快速和大范围扫描,形成点云图	电机带动转镜运动,收发模块静止不动	利用棱镜转动进行非重复式扫描	利用快闪原理成像,发射端采用垂直腔面发射激光,接收端通过大面积面阵激光以高灵敏探测器完成图像绘制	利用相干原理,采用多个光源组成阵列,调节发射阵列中每个发射单元的相位差控制输出激光束的方向
优势	扫描速度快,抗干扰能力强,精度较高,技术最成熟	运动部件较少,尺寸小,稳定性较高,分辨率高	精度较高,成本较低,功耗较低	点云密度高,探测距离较远	结构简单,体积小,信息最全	无任何机械元件,体积小,扫描速度快、精度高
不足	机械结构复杂、使用寿命有限、稳定性较差、体积大,目前难以符合车规量产使用	探测距离和视场角范围有限,寿命较短,信噪比较低	探测距离和视场角范围有限,信噪比较低	机械结构复杂,零部件容易磨损	功率密度较低,分辨率、探测距离有限	光信号覆盖有限,对材料、工艺要求苛刻,技术不够成熟,成本较高

按照所发射光波的长短进行划分,现阶段认可度较高的三维成像激光雷达发射的光波波长有 905nm 和 1550nm 两种。不同的波长需要配置不同的接收器。905nm 接收器的优点在于成本低廉,体积小巧,主要制作材料是硅,半导体激光器是其光源器件,因而认可度高,但是其在使用过程中会伤害人的视网膜,这在一定程度上限制了其发射功率和探测距离;1550nm 波长对人眼无害,且发射功率高、能够进行远距离探测、具有强穿透性、受太阳光干扰小,但其制造成本高,其光源器件需要用到光纤激光器,这一缺点限制了其广泛应用。

1.2 2D 视觉感知算法

1.2.1 目标检测

自动驾驶功能的实现要建立在对周围环境信息采集的基础上,以实现汽车与外部环境的交流互动,而环境感知系统是帮助汽车实现这一过程的"触手",其技术水平决定着自动驾驶系统在应用中的功能表现。当前阶段,自动驾驶系统中采用的环境感知方案主要有以下两种:

- 以特斯拉为代表的纯视觉（vision-only）方案，即主要采用摄像头进行环境感知；
- 以百度 Apollo 等为代表的激光雷达方案，即以激光雷达为主，其他传感器为辅进行环境感知。

视觉感知在环境感知系统中居于核心地位，也是我们接下来所介绍的重点，如图 1-13 所示对其功能覆盖范围以及其所应用到的技术进行了介绍。

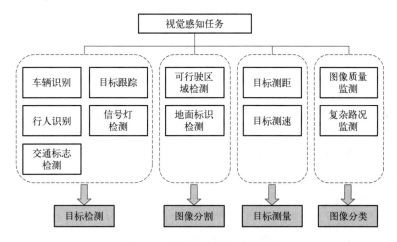

图 1-13　自动驾驶视觉感知任务

2D 视觉感知算法是以机器深度学习为支撑的，主要是用算法识别和学习原始数据提供的图像，在只有 X 轴和 Y 轴的二维平面（画面和视频）基础上实现对目标的任务（识别、追踪、通过查找与之相关的所有像素识别其内容和位置）。在最近几年内，2D 视觉感知算法以及其他深度学习在视觉感知领域应用甚广。具体来说，2D 视觉感知算法主要包括如图 1-14 所示的几种类型。

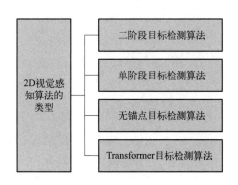

图 1-14　2D 视觉感知算法的类型

（1）二阶段目标检测算法

二阶段目标检测，即检测任务的完成按顺序分为两个步骤（阶段），分别是对物体区域的采集和卷积神经网络分类识别。因此，基于对"二阶段"的阐释，该检测方法又可以被称为以候选区域为基础的对象检测。R-CNN 系列（R-CNN、Fast R-CNN、Faster R-CNN）算法均属于此种类型检测算法。

Faster R-CNN 检测网络的出现具有一定开创性，因为其起始点都为端，这也让其推理时间大大降低。在阶段一的检测中，其主要运算内容是生成候选区域而后用 Selective Search 算法生成候选框，并借助 ROI Pooling 对候选特征进行对齐；在阶段二中，特征图展平通过一系列全连接层进行进一步的分类并获得预测结果。在这个过程中"先验框"让运算更快更简单的理念得到了应用。在运算中，规格不一的先验框在特征图上的各个部位被生成，以辅助物体边界框的回归。先验框理念将物体边界框回归所需处理的情况变化控制在较小的浮动范围内，降低了网络学习的难度。

Cascade R-CNN 与 Faster R-CNN 在阶段一的运算中没有任何差别，在阶段二中则通过数个能够在区域提议网络生成的候选区域中，对候选区域进行分类和边界框回归的神经网络模块层来完成 Cascade 操作。之后的一些工作主要是对 Faster R-CNN 等网络的完善和综合，但突破提升较少。

（2）单阶段目标检测算法

单阶段目标检测算法将二阶段目标检测算法中的步骤进行精简，在检测任务中对于数据维度的减少及对已有数据特征的整理仅需一次，这一点使其工作速率有所提升，但相应的，其精度要低于二阶段算法。YOLO 目标检测模型的出现奠定了该类算法的里程碑。在其之后 SSD、RetinaNet 先后对其进行了完善，一些有建设性的技术点被该项目团队采纳，随后升级版 YOLOv2 ~ YOLOv5 相继问世。二阶段方法基于回归，而单阶段方法是在二阶段方法的基础上少一个生成候选框的步骤，相比于二阶段方法检测速度更快，更适合部署移动平台。二阶段方法检测精度更高，更适合精准检测的应用场景。

（3）无锚点目标检测算法

基于锚点的模型会存在诸多问题，因此国内外学者提出了基于无锚点的检测模型。在该类目标检测算法中物体本身被物体框的中心点、角点或代表点所表示。其中物体中心点的使用使得对象的物体框能够通过对中心点的预测来获得（涉及的数值为中心点的偏移数据和宽度及高度），以此来解决与之构成等价关系的目标检测问题。

Heatmap 即热图，是分类信息的呈现形式，各类别均有对应的 Heatmap。在 Heatmap 中，目标中心点所处的坐标为关键点，此点用高斯圆加以表示。Heatmap 如图 1-15 所示。

RepPoints 使用两次回归和一次分类对目标进行检测，在该过程中目标被代表点的集合所呈现，通过可形变卷积来减小其外形变化带来的误差，最终将集合转化为矩形框来区分运算和手工标注。

图 1-15　Heatmap（热图）

（4）Transformer 目标检测算法

Relation Net 开创性地通过 Transformer 模型，在对对象特征进行提取的同时还融入了目标的关系信息，建立了目标之间的关系模型，从而使得目标特征更为显著，精确性更高。这实际上是允许神经网络在处理数据信息时集中注意力于相关的部分。DETR 则将目标检测代换为集合预测问题，在借助 CNN 完成对数据维度的缩减和已有数据特征的整理后，建立所有目标在空间内的位置关系模型，最后将输出结果与人工文本标注进行匹配。对于目标关系的处理，其打破了单阶段检测和二阶段检测忽视注意力机制的局限性，是一大进步。

采用所有类别平均准确率（mean average precision，mPA）来评价模型准确率，用每秒内可以处理的图片数量即帧率（frames per second，FPS）来评价模型检测速度，对前文所提到的算法展开对比。但因为在设计网络的结构时对于主干网络、输入等的使用往往有一定主观因素，且硬件条件亦有所差别，所以准确率和速度之间的可比性并不绝对。

1.2.2　目标跟踪

在实际的自动驾驶场景中，环境感知系统获取的道路原始资料是视频数据，既包括各种非机动车也包括动物和人，目标并不单一，这也决定了其所处理的任务类型为多目标跟踪（MOT）。现阶段执行此种任务主流的框架是数据关联（tracking-by-detection，TBD），以下是其流程：

- 目标检测器件将视频分解成一张张静止图片，在每一张图片上获取对象的输出信息。
- 对每个检测对象的视觉和运动特征进行提取。
- 对所提取的特征进行计算，对比相邻两张静止图片的相似情况，得出其为同一对象的概率。
- 完成检测后对对象检测进行对应，若来自同一对象，则给予相同的身份标识号。

前文所述的四步中,都有深度学习的参与,但以第一、第二个步骤为主。

在第一个步骤中,深度学习的主要作用是为目标检测提供功能好的工具,往往以准确率作为选择依据。其中应用范围最广的是 SORT,其实现了对多种目标检测算法的组合,可以在计算资源有限的情况下完成对多个物体的快速、准确追踪。

在第二个步骤中,深度学习通过卷积神经网络对物体的形状、纹理、颜色等特征进行提取。在提取的特征中加入对象的外观信息是 DeepSORT 最显著的特点,其利用算法,在图像库中找到要搜索的目标,提取需要深度学习的目标特征,使得运算中身份标识号匹配的次数减少。

除以上提到的算法外,Simultaneous Detection and Tracking 也在目标跟踪领域有一定的应用,Center Track 是其中的典型代表。相较于 CenterNet,Center Track 增加了输入通道——前一帧中物体的 RGB 图像和物体中心分布的热力图,并增加了分支进行画面前一帧与后一帧的数据关联。相较于 TBD 分阶段完成检测,Center Track 实现了检测与匹配的同网络合并,从而提升了多目标追踪的速度。

1.2.3 语义分割

在自动驾驶领域,车辆对道路环境的智能化检测和识别离不开语义识别技术,与语义识别相关的算法主要包括 DeepLab 系列、FCN、U-Net 等。其中,DeepLab 系列在基于扩张卷积网络(dilated convolutional network)对输入的图像进行处理后,还能够对处理结果进行优化。

最近几年出现的 STDC 语义分割网络所使用的算法结构与全卷积网络算法结构接近,相对于同样使用全卷积网络进行语义分割但是出现较早的 U-Net,其对算法中较为烦琐的根据 Encoder 的输出生成目标序列的算法结构进行了去除,在对目标信息进行采集的过程中其对全卷积网络算法在像素关系方面的局限性进行了优化,用 ARM 指令集架构对多个图层信息进行融合,能够顾及多个像素间的关系,兼顾了高速度与高准确率,与自动驾驶信息实时同步的要求完美适配。

1.3 3D 视觉感知算法

1.3.1 单目 3D 感知

(1) 3D 目标检测

① 表示转换。自动驾驶汽车在使用视觉传感器对周边的车辆等进行检测时,可能会出现遮挡、无法测距等问题,导致检测结果的准确性受到影响。为了实现精

准检测，视觉传感器需要将透视图转换为鸟瞰图，需要使用到的转换方法主要有以下两种：

- 逆透视变换（inverse perspective mapping，IPM）：在确保相机外参数准确的情况下，将所有的像素放在同一平面（地面）中，利用单应性变换的方式将图像转换到鸟瞰视角，再利用基于YOLO网络的方法对目标的接地框进行检测。
- 正交特征变换（orthographic feature transform，OFT）：在投影的体素区域中提取特征图，并在此基础上生成体素特征，通过在垂直方向折叠体素特征的方式获取正交特征图，再利用自上而下的网络实现3D目标检测。

以上两种转换方式仅适用于贴地目标，如车辆、行人等。若要实现对交通信号灯、交通标志牌等非贴地目标的3D检测，自动驾驶汽车还需借助深度估计生成伪点云。从检测过程来看，在自动驾驶汽车中，一方面，Pseudo-LiDAR算法可以利用深度估计的结构生成点云；另一方面，激光雷达中的3D目标检测器会生成3D目标框。

② 关键点和3D模型。在自动驾驶汽车的目标检测方面，先验知识指的是关于待测目标的各项相对固定且已知的信息，如车辆尺寸、车辆形状等，这些信息通常被用于对目标进行估计。

Deep MANTA是一种多任务网络，可以在自动驾驶3D视觉感知领域发挥重要作用。从实际作用过程上来看，首先，Deep MANTA可以借助Faster RNN等目标检测算法来获取2D目标框，并对目标的关键点进行检测；其次，对2D目标框、关键点和数据库中的3D车辆计算机辅助设计（computer aided design，CAD）模型进行匹配；最后，筛选出相似度最高的模型，并将其作为3D目标检测的输出。

MonoGRNet是一种基于视觉传感器的3D感知算法，可以在依次完成2D目标检测、实例级深度估计、投影3D中心估计、局部角点回归四项任务后实现目标检测。MonoGRNet算法会假设目标有固定的形状模型，一般来说，车辆大多符合这一条件，而行人的形状通常并不固定。

③ 2D/3D几何约束。2D/3D几何约束是一种单目3D目标检测器，可以对3D中心和实例深度的投影进行回归，也可以借此估算3D位置，进而实现对复杂图像和抽象特征的描述。在2D/3D几何约束方面，Deep3DBox的应用具有较强的代表性。一方面，Deep3DBox可以采集和分析2D目标框内的图像特征信息，并据此实现对目标尺寸和目标朝向的估计；另一方面，Deep3DBox也可以利用2D/3D几何约束来找出中心点3D位置。

具体来说，2D/3D几何约束中的"约束"指的是3D目标框在图像中的投影被限制在2D目标框之内，且3D目标框的各个角点会落在2D目标框的各边上。在完成对目标的大小和朝向的预测后，2D/3D几何约束可以在此基础上根据相机的标定参数，进一步找出中心点的3D位置。

在Deep3DBox框架下，Shift R-CNN可以整合2D目标框、3D目标框和相机参数，并将这些内容作为输入，充分发挥全连接网络的作用，实现对3D位置的精准预测。

④ 直接生成 3DBox。直接生成 3DBox 指的是根据 2D 图像中的特征对各个勾选框进行评分，并筛选出评分高的候选框，将其作为输出。Mono3D 算法具有较强的代表性，可以采集目标先验位置和大小等信息，并据此生成稠密的 3D 候选框，同时将 3D 候选框投影到图像坐标上，再根据 2D 图像中的特征完成评分工作，最后利用 CNN 对其进行二轮评分，从众多 3D 候选框中选出 3D 目标框。

M3D-RPN 是一个创新的开源项目，也是一种以 Anchor 为基础的算法，可以对 2D 和 3D 的 Anchor 进行定义。一般来说，自动驾驶汽车可以在图像中稠密采样生成 2D Anchor，借助训练集数据的先验知识选出 3D Anchor。

从卷积方式上来看，M3D-RPN 应用了标准卷积和 Depth-Aware 卷积，其中，标准卷积具有空间不变性，Depth-Aware 卷积会把图像的行划分成一个个与不同的场景深度相对应的组，并借助不同的卷积核来对这些组进行处理。但同时这些稠密采样方法也存在数据计算量过大的不足之处。

SS3D 是一种单步单目 3D 目标检测器，主要包含 3D 边框优化器、用于输出图像中每个相关目标的冗余表示、不确定性估计的 CNN，能够将 3D 目标框中心投影到 2D 图像中，获取 2.5D 中心（X，Y，Depth），并将其作为一项回归目标，从而实现更加高效的单阶段检测。

（2）深度估计

在自动驾驶 3D 视觉感知方面，图像从 2D 向 3D 转换离不开深度信息的支持。单目深度估计的输入是一张图像或一个视频序列，输出是一张大小不变的基于各个像素的场景深度值的图像，同时也可以充分发挥来源于相机或物体运动的各项额外信息的作用，实现更加精准的深度估计。

单目深度估计采用无监督方法，既可以基于单目视频序列进行深度估计，也可以基于同步立体图像进行深度估计，无须搭建真值数据集，具有实现难度低的优势。

各类基于 Transformer 的模型可以在密集的深度估计中发挥重要作用。例如，有监督的 DPT 提出可以借助 Transformer 和多尺度结构来进一步提高预测的局部精确性和全局一致性。

1.3.2 双目 3D 感知

双目视觉在自动驾驶领域的应用能够有效解决透视变换方面的问题，避免出现歧义，具有感知精度高的优势，但同时对各项软硬件的要求也比较高。在硬件方面，双目视觉要求自动驾驶车辆配有两个精准配准的摄像头，且这两个摄像头需要在车辆运行的整个过程中时刻做到正确配准；在软件方面，两个摄像头会采集大量需要处理的数据信息，数据处理的难度和复杂度较高，因此双目视觉难以保证算法的实时性。

(1) 3D 目标检测

3DOP 是 Fast R-CNN 在 3D 领域的扩展应用，可实现 3D 目标检测功能，为自动驾驶汽车实现目标感知提供支持。从作用过程上来看，3DOP 可以根据双目图像生成相应的深度图，并将深度图转化成点云，同时进一步对其进行量化处理，打造网格数据结构作为输入，并在此基础上围绕 3D 目标生成相应的候选框。

从作用原理上来看，3DOP 与 Pseudo-LiDAR 之间存在许多相似之处，都可以将稠密的深度图转化成点云，并利用点云目标检测领域的算法实现目标检测。

DSGN 可以先通过立体匹配的方式构建平面扫描体，再将其转换成 3D 几何体，并在此基础上对 3D 几何形状和语义信息进行编码，利用像素级特征进行立体匹配，利用高级特征进行目标识别，进而实现对场景深度的估计和对 3D 目标的检测。

Stereo R-CNN 是一个可以实现精准高效的 3D 目标检测的开源项目，且具备 Faster R-CNN 模型，既可以进行立体注入，也可以同时对左右视图中的目标进行检测。从作用过程上来看，一方面，Stereo R-CNN 可以将额外分支添加到 RPN 之后，实现对稀疏的关键点、视点及目标尺寸的预测；另一方面，Stereo R-CNN 也可以充分发挥左右感兴趣区域的基于区域的光度对齐的作用，恢复 3D 边界框，并确保 3D 边界框的精准性。

(2) 深度估计

从原理上来看，双目深度估计就是根据视差、焦距和基线长度对 3D 点的深度进行估计。具体来说，3D 点的深度的计算公式如下：

$$depth = Bf/d$$

式中，视差指的是左右视图中同一个 3D 点之间的像素距离，通常用"d"表示；焦距指的是相机的焦距，通常用"f"表示；基线长度指的是两个相机之间的距离，通常用"B"表示。

由此可见，双目深度估计需要在另一张图像中找出与各个像素点相匹配的点。

一般来说，d 可用于计算各个像素点的匹配误差，由此得出的三维误差数据为 Cost Volume，根据这一数据，双目深度估计可以利用各个像素的视差进一步得出深度值数据。

MC-CNN 是一种可以利用卷积神经网络实现对图像块匹配程度的预测的模型。在自动驾驶领域，双目深度估计可以充分发挥该模型的作用，整合交叉成本，并通过半全局匹配的方式进一步对成本进行细化，计算出立体匹配成本，检查左右一致性，减少被遮挡区域中出现的错误。

PSMNet 是一个金字塔立体匹配网络，可以在双目深度估计中应用立体匹配的端到端学习框架，且无须对该框架进行后处理，可以直接将其引入金字塔池模块当中，将全局上下文信息作为图像特征，并利用堆叠沙漏的 3D CNN 实现对全局信息的强化。

第 2 章
检测与识别技术

2.1 道路检测与识别

2.1.1 道路检测与识别方法

道路检测是计算机视觉领域的一个分支,也是其主要应用场景之一,其主要意义在于通过对道路影像的捕捉、分析及处理实现高精度的道路信息提取。当前,这一技术在自动驾驶、智能导航以及智能交通系统构建等领域已经得到一定应用,且有着巨大的发展潜力。

图像处理和机器学习方法是道路检测的主要支撑技术。当影像资料被获取后,首先要进行预处理,通过图像增强和噪声去除提高清晰度,再通过图像分割获取目标选区;随后通过边缘检测提取边缘特征,通过色彩和纹理分析识别并提取出道路信息;最后通过支持向量机、神经网络、随机森林等机器学习算法对图像内道路进行识别定位,输出准确检测结果。

道路检测的目的在于提取出实际场景内具备车辆行驶条件的区域,为车辆导航、路线规划等服务提供决策依据,常用的方法包括基于特征的方法和基于模型的方法。

(1) 基于特征的道路检测与识别方法

基于特征的方法主要通过道路选区内的颜色、纹理、边缘形状(明暗)等画面特征对道路边缘或区域进行判定识别,如图 2-1 所示。

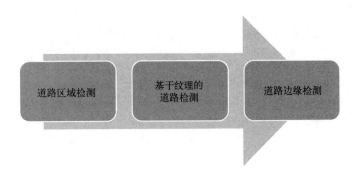

图 2-1 基于特征的道路识别方法

① 道路区域检测。道路区域检测原理与图像分割原理类似,首先对所有区域的灰度直方图进行计算,随后设置不同的灰度值区间,将处于同一灰度级别的区域划分为一类,随后进一步对划分的区域进行处理识别,大致分出道路区域、非道路区域和不确定区域。

完成图像区域的大致分类后,接下来应针对不确定区域继续进行识别,以确保所提取出的道路区域的完整。在这个过程中,首先通过算法预设的道路形状、路宽、主要走向等信息将一部分与先验信息不符的区域剔除,随后通过假设检验方法验证保留区域为道路区域的可靠性，获得精确的分割数值，完成分割。

② 基于纹理的道路检测。首先使用 Gabor 滤波器对道路图像的纹理信息进行增强，随后通过投票确定道路在整个图像中的消失点，确定各个像素点的置信度，将高置信度的像素点进行连线，从而勾勒出可靠度最高的道路边缘，随后根据道路边缘特征等预设知识确定实际的道路边缘。这种识别方法的精确度较高、适应性较强，但是需要较长的识别时间。

③ 道路边缘检测。道路边缘检测的基本逻辑为首先对图像按照一定的标准进行分区归类，确定目标选区，缩小排查范围；随后使用中值滤波、高斯滤波等消除噪声，提高图像质量和可读性；接着通过边缘算子提取反映边缘灰度变化的边缘点集；最后将灰度图像转化为二值图像，获得精确的道路边缘。

在边缘提取这一环节，有 Cann、Prewitt、Roberts、Laplace、Sobel 等边缘算子可供选择，其中提取的精确性和提取速度是边缘算子选择的两项重要依据，具体选择时应考虑实际检测是需要更高的精度还是需要更快的速度，一般一些要求快速响应和反馈的检测往往会选择 Sobel 算子。

道路边缘检测的另一核心问题在于获取准确清晰的道路边界。通常情况下采用道路边界搜索达成这一目的，即在图像中确定某一灰度区间为道路区间后，搜索该灰度区间内的全部区域。但此种方式环境适应性较差，易受树荫、建筑物阴影等环境因素的影响，因为这些都可能在图像上形成与道路区域灰度相似的难以识别的阴影，此外，干扰边缘与道路边缘的交叉重合也会导致检测结果出现多处中断。

因此，此类方法在应用过程中需要重点思考如何克服环境因素影响，减少阴影、光照等造成的识别结果精确度低、检测结果中边界不连续的问题。无论使用哪种特征作为识别依据，都有可能面临不同的干扰问题，从而导致出现结果误差，因此为了进一步提高边界识别结果的精度，可以将多种图像特征都纳入检测参考指标范围内，提高检测系统在不确定环境下的运行稳定性，减少环境干扰对检测结果的影响。

（2）基于道路模型的方法

基于道路模型的检测方法是一种较为常见的道路检测方法，但此方法的抗干扰性较差，需要在检测过程中排除光照、阴影等因素的影响。通常，高速公路、城市干道等结构化道路边缘较为规则，所以可以选择道路模型拟合作为道路曲线识别的方法，以下是对不同道路模型的介绍：

● 直线模型是道路模型中最简单的一种，根据透视原理，相机所拍摄的道路图像将会在远离镜头的方向逐渐收窄（图片上方），最终与图像边缘形成交点。此时，则可以借助 Hough 变换工具对图像中的直线进行识别，此时最终交会于消失点的两条直线即为道路边缘。

● 针对曲线道路边界，可以选用多项式模型进行检测。参数的选择是多项式模型拟合中的核心问题，因为不同的参数选择下曲线的弯曲度和弯曲方向也有所差别。此外，多项式模型受光照、阴影等环境因素的影响较小。但需要注意的是只有当待检测道路满足边缘相对规则（即与模型库中已有的数学模型相似度较高）这一条件时，才能通过该检测方法获取到可靠的检测结果，否则，预设的曲线模型将无法完成对多变道路的检测。

2.1.2　道路检测与识别算法

基于视觉的道路检测算法其最终目的是获取道路的精确信息，以便让驾驶员更好地了解路况或作为车辆系统控制车辆的决策依据。由于高速公路、城市干道等结构化道路往往具有明显的道路边缘线及车道线，因此该类道路的检测往往可以将这些标志作为重要辅助检测依据。而对于缺少明显道路边缘和路面标志的非结构化道路，则还要引入其他的道路因素用以辅助检测。

道路检测算法主要包括基于模型匹配的方法和基于特征的道路图像分割方法两类，以下分别是对它们的具体介绍。

（1）基于模型匹配的方法

多数道路形状具有一定的规律性，能够使用公式或数学模型进行表示，常见的模型包括直线模型、抛物线模型、样条曲线模型等。通过选取合适的道路曲线参数，以及弯曲点等关键点能够获得道路的曲度、弯曲方向等关键信息，同时以之作为曲线模型的控制点，则道路识别问题将简化为对不同的道路模型进行拟合的问题。

这种方法的核心逻辑在于将曲线拟合作为核心，更多地关注图像中的线条因素，受颜色、灰度等要素的影响较小，因此具有更强的抗干扰性，对环境的适应性更强。道路模型匹配作为一类较为经典的道路识别算法，需要满足以下条件：

① 鲁棒性高。道路模型的拟合具有较强的环境适应性，对于阴影、光照等要素的影响并不敏感，这也意味着算法本身具有良好的鲁棒性，能够在恶劣的环境中保持稳定的运行状态，即使在获取道路信息的过程中存在一定误差，仍然能够保证整体拟合效果的精确性。

② 准确度高。道路模型的根本逻辑在于通过数学方法对从图像中提取到的曲线信息进行建模，在确定现成模型的前提下，只需代入正确的参数即可获取关于道路弯曲度、具体弯曲方向的精准信息。但在实际的应用中，对于参数的获取往往会受到各种因素的影响，且并非所有的道路都能找到与之相匹配的拟合模型，因此最重要的是如何获取准确的参数以及如何建立更多能够表示实际道路形状的模型。

③ 灵活性好。为了保证道路模型能够尽可能多地对现实中的道路形状进行显示，道路模型还需要具有根据实际情况自由变换、调整以及求解参数的能力，即一类模型拥有足够多的变体对类似的道路形状进行表示，避免某种模型只能偏狭地对某一类道路形状进行表示的情况。

④ 实时性好。道路行车环境复杂、动态、连续的特点决定了道路检测算法应满足实时性要求，但这一定程度上会与依赖图像特征提取与分析以保证识别精准性

的原则产生冲突,因此如何既能够保证道路检测的效率,又能够保证结果的准确成为研究的重点。这一问题的解决离不开对算法的优化,即保证当前运算量的同时缩短运算的时间。

(2)基于特征的道路图像分割方法

图像分割作为图像处理领域的支撑性技术,是很多领域在处理图像问题时的首选。图像特征是图像分割所关注的核心要素。图像分割的本质是在保证某些指标保持一致的情况下对比不同对象的变量指标(如灰度、色彩),将变量指标一致的区域进行归类,从而提取出有价值区域的一项技术,其中道路区域分割是图像分割领域中的一个重要分支。

现实的道路环境往往是复杂的,有时甚至会出现一些特别情况,因此外界环境(光照、空气能见度、建筑物阴影)也会时时影响着对道路的识别,同时这种影响因素并不是固定的、可预见性的,而是随着车辆的运动始终处于变化之中。这就导致了道路区域与非道路区域的特征是不固定的,且有些时候存在重合。这些问题都一定程度上影响了道路识别的实时性与准确性。一些研究者对此提出了很多可行性较高的道路图像分割方法,以所提取的道路特征为依据,具体可分为如图2-2所示的三类。

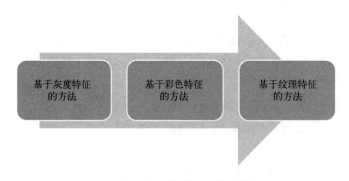

图2-2 基于特征的道路图像分割方法

① 基于灰度特征的方法。基于灰度特征的分割方法是最先被探索的分割方法,这主要有两方面原因:一是因为灰度特征在图像中的指向性最强,是最基本的特征指标;二是因为灰度特征较易提取且计算难度低,且计算结果能够满足大多数场景下的应用要求。

基于灰度特征的分割方法首先要对图像进行预处理,使之能够满足该方法下相关指标的提取条件。当图像经过预处理成为灰度图像后,需要针对图像中的灰度变化设置合理的数值空间来对其变化梯度进行呈现。其中灰度梯度变化最大(即对比度最明显)的像素点即为道路边界,随后可以通过Hough算法或最小二乘法等对道路边缘进行提取。

但是边缘提取算法运算的过程中需要大量的参数对整个运算进行固定,但这些参数的选用缺乏通用的标准,多数情况下需要依赖研究人员的经验,这就导致检测结果的准确性难以保证,且参数不足的情况下难以运行。尽管基于灰度特征的分割方法以其高响应速度、易操作性成为道路检测领域中的一种基础性方法，但其仍面临着受环境因素影响大、遇到破损道路或被建筑物阴影遮挡边缘的道路时结果准确性低等问题，有待进一步深入研究解决。

② 基于彩色特征的方法。相较于灰度图像，彩色图像中的信息量更大，且包含着人眼难以准确感知其变化的色彩明亮度信息。这意味着如果能够利用这一点，通过对彩色图像的分割获取更为全面的图像信息，并将其作为道路检测的依据，将大大提升道路检测的稳定性及准确性。

基于彩色特征的方法将颜色作为第一关键，根据图像中道路区域与非道路区域的颜色参数差异如色相、明度、饱和度等，通过混合高斯模型、颜色直方图、支持向量机（SVM）等对道路区域进行识别和提取。由于彩色图像的信息量天然地大于灰度图像，则能够通过不同颜色指标的组合进行道路区域的识别，同时避免阴影、光照等因素对识别结果的影响。

③ 基于纹理特征的方法。在图像处理中，纹理特征呈现的是某区域中像素灰度级的空间分布，但需要注意的是物体的灰度和颜色并非物体纹理的影响因素，物体的纹理特征取决于物体的质地、形状、方向、尺寸以及结构等要素。

计算图像的结构方向是基于纹理特征的算法的核心，即分别对图像不同区域的纹理特征进行计算，计算的结果则作为图像分割的依据对图像的各个区域进行归类，并将归类后的区域特征与预设的道路区域特征进行比对，从而剔除非道路区域，筛选出有效区域。

一般情况下，对于边缘不规则、缺少道路线标志的非结构化道路，其道路区域与非道路区域的颜色边界较为模糊，且缺乏作为辅助参考因素的清晰道路边缘，因此，针对此类道路的检测需要引入车辆在道路上行驶所形成的压痕作为检测的辅助指标，此种情况下，道路图像的问题特征提取起着关键作用。

2.2 行人检测与识别

2.2.1 行人检测系统的技术与应用

近年来，我国的汽车数量不断增多，道路交通安全问题日渐突出，尤其是车辆与行人之间的碰撞造成了许多人员伤亡，同时，人们对因交通造成的行驶安全问题的关注度也越来越高。由此可见，我国亟须加大对安全辅助驾驶系统的研究力度，同时也要进一步扩大先进的安全辅助驾驶系统的应用范围。

汽车安全辅助驾驶系统具备及时检测到车辆前方出现的行人的功能，同时这一功能也是各国政府及相关研究人员关注的重点。在这一功能的作用下，车辆驾驶员可以在驾车时充分掌握当前的环境信息，全方位观察外界环境，及时避让行人，避免出现撞击行人等道路交通安全问题。

行人检测技术具有极高的经济价值和应用前景,是我国汽车安全辅助驾驶领域的重点研究对象。具体来说,汽车安全辅助驾驶系统中应用了行人检测技术,可以充分发挥传感器的作用,实现对车辆前方的行人、车辆、自行车等障碍物的灵敏感知,并在感知到障碍物时及时向车辆驾驶员发送警告信息,提醒驾驶员要及时采取相应操作,避免车辆碰撞,从而达到减少交通事故和减轻损伤的目的。

当系统向车辆驾驶员发出碰撞警告提示信息,但驾驶员并未及时采取有效措施时,系统将会开启自动驾驶,代替驾驶员进行操作,防止出现车辆碰撞问题。例如,系统可以开启车辆的自动转向和自动制动功能,利用自动转向功能控制车辆偏离原本的行驶路线,利用自动制动功能控制车辆紧急制动,从而避免与行人等障碍物发生碰撞,保障道路交通安全。

(1)行人检测系统

行人检测系统(pedestrian detection system,PDS)是 ADAS 的重要组成部分,具有自主性和智能化的特点,可以实现行人检测和报警提醒功能,因此也被叫作行人检测预警系统(pedestrian detection and warning system,PDWS)。PDS 能够大幅提升车辆驾驶的安全性,减少交通事故,保障驾驶员及行人的生命财产安全。近年来,汽车行业飞速发展,车辆的智能化程度不断升高,作为智能汽车中的重要系统,PDS 在业界的关注度也越来越高。

一般来说,车辆的行驶环境十分复杂多样,场景、气候、光线等均会发生变化,因此为了保证车辆在行人检测方面的精准度和及时性,PDS 必须具备较强的稳定性、实时性以及适应能力,相关研究人员开始将各类先进技术和各个相关学科的知识融入其中,如信号处理、人工智能、模式识别、自动化与控制等。

(2)行人检测技术

行人检测技术可以与机器视觉、深度学习等多种先进技术和算法协同作用,如 Haar、HOG 和卷积神经网络(convolutional neural networks,CNN),充分利用各类传感器设备,如摄像头、超声波雷达、激光雷达等,广泛采集并分析处理各项实时的道路信息,进而实现对行人的检测识别和跟踪。具体来说,行人检测算法如表2-1 所示。

表2-1 行人检测算法

行人检测算法	具体内容
Haar 算法	Haar 算法是一种用于处理图像和计算机视觉任务的算法工具,可以通过样本训练和机器学习构建多级级联分类器,其在车辆中的应用能够支撑车辆实现行人检测功能,帮助车辆驾驶员了解道路前方的障碍物情况
HOG 算法	HOG 算法是一种用于物体检测的特征点描述子,可以计算图像的梯度、方向等特征,并在此基础上进一步检测到前方行人,帮助车辆驾驶员及时发现和规避行人等障碍物,避免出现碰撞行人等交通危险
CNN 算法	CNN 是当前应用范围较广的一种行人检测算法,能够利用大量图像训练数据对检测模型进行训练,提高整个模型在行人检测方面的效率

(3)行人跟踪技术

从复杂程度上来看，行人跟踪技术比行人检测技术更加复杂。具体来说，行人跟踪技术既要对行人的位置和状态进行实时监测，也要针对所跟踪的行人构建相应的模型，并利用该模型实现对行人运动情况的预测。一般来说，当行人在道路中运动时，可能出现各种不同的运动形式，如侧脸朝向、正脸朝向、背面朝向、刚体运动和非刚体运动等，由此可见，高精度的行人模型具有较大的构建难度。

行人跟踪技术可以借助卡尔曼滤波器、粒子滤波器等工具来更新模型，实现对行人运动情况的有效预测。

卡尔曼滤波器是一种用于动态多变化系统中的工具，具有多目标跟踪功能，能够对观测数据进行加权平均，并在此基础上实现多目标跟踪功能，进一步提高行人状态估计的精准性和稳定性。

粒子滤波器是一种融合了蒙特卡洛方法的递归滤波器，能够找出在状态空间中传播的随机样本，利用该样本描述行人可能会出现的运动状态，并在此基础上实现对目标行人的跟踪。

(4)行人检测与跟踪技术的应用

行人检测与跟踪技术融合了行人检测技术和行人跟踪技术，能够支撑智能驾驶车辆与道路中的行人以智能化的方式进行互动，及时发现车辆前方的行人并进行避让，防止出现碰撞行人等驾驶安全问题，充分保证驾车的安全性和舒适性。行人检测技术在自动驾驶汽车中的应用可以支撑车辆实现多种车辆安全相关功能，如自动制动、自动避让和自动调整车速等，降低车辆与行人碰撞的概率，有效保障行人和车辆的安全；行人跟踪技术在自动驾驶汽车中的应用能够进一步提升车辆在行人跟随和避让方面的精度，保证车辆行驶的流畅性。

除道路外，行人检测和跟踪技术还可以在夜间、恶劣天气等多种其他场景中发挥重要作用。一般来说，当车辆在夜间或恶劣的天气环境中行驶时，行人的视觉特征不明显，驾驶员可能难以及时发现出现在车辆前方的行人，进而造成碰撞等交通事故。而在行人检测与跟踪技术的作用下，车辆可以利用红外夜视传感器、毫米波雷达、超声波雷达等传感器设备感知前方行人，利用深度学习算法识别行人的运动状态，并采集、分析、学习各项行人运动数据，构建行人模型，实现对行人的识别和跟踪，帮助车辆驾驶员发现前方行人，以便及时采取相应的避让操作。

2.2.2 基于计算机视觉的行人检测

基于计算机视觉的行人检测是计算机视觉和智能汽车领域的研究重点。从本质上来看，具有行人检测功能的智能车辆可以利用摄像机获取行人运动信息，通过对这些信息的分析发现潜在的碰撞危险，并向驾驶员发出警告信息，提醒驾驶员采取相应操作，避免出现碰撞行人等交通安全问题，保障车辆和行人的安全。

行人检测不仅包括人体检测，还需解决对服饰、姿态等相关内容的检测难题，确保系统可以在任何情况下精准检测到车辆前方的行人。具体来说，行人检测的难点主要体现在三个方面：第一，摄像机随着汽车一同处于运动状态，难以直接借助智能监控领域的动态目标检测方法实现对行人的精准识别；第二，汽车的应用环境较为复杂多变，在路况、天气、光线等因素的影响下，系统难以充分保证检测精度，因此行人检测相关算法还应具有较强的鲁棒性；第三，为了给驾驶员留出操作时间，系统还需确保检测、识别和跟踪的实时性，因此用于行人检测的图像处理算法不能过于复杂。

基于计算机视觉的行人检测系统主要包含感兴趣区域分割和目标识别两个组成部分。其中，感兴趣区域分割可以按照分割所需信息划分成四种方法，如表2-2所示。

表2-2　感兴趣区域分割的四种方法

分割方法	具体内容
基于运动的方法	先检测场景中的运动区域，再从中找出感兴趣区域
基于距离的方法	先充分发挥测距传感器的作用，如雷达、立体视觉等，测出车辆与目标行人之间的距离，再得出具体的感兴趣区域
基于图像特征的方法	先检测出与行人相关的图像特征，再从中得出具体的感兴趣区域。一般来说，若检测图像为可见光图像，那么图像特征主要涉及竖直边缘、局部区域的熵和纹理等；若检测图像为红外图像，那么图像特征则主要为温度等
基于摄像机限制的方法	在摄像机的位置和参数的限制下，图像中的行人位置及位置上的目标大小将被控制在一定范围内，系统可以借助这些限制缩小搜索范围

从流程上来看，行人检测主要包含预处理、分类检测和决策报警三个步骤。具体来说，行人检测系统框架如图2-3所示。

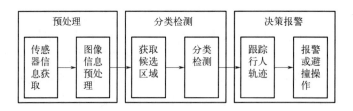

图 2-3　行人检测系统框架

- 在预处理环节，系统需要完成传感器信息获取和图像信息预处理两项任务，也就是利用传感器设备采集车辆前方图像信息，并对这些图像信息进行降噪、增强等处理。
- 在分类检测环节，系统需要完成获取候选区域和分类检测两项任务，也就是利用图像处理技术找出感兴趣区域作为行人的候选区域，并进一步验证该区域内有无行人。

- 在决策报警阶段,系统需要完成跟踪行人轨迹和报警或避障操作两项任务,也就是跟踪含有行人的区域,预测行人的运动轨迹,提升检测的精准度和效率,在此基础上判断行人与车辆是否可能出现碰撞,并在发现存在碰撞风险时及时采取报警等避撞措施。

分类检测是行人检测过程中的重要环节。行人检测系统具有较强的实时性,在实时性方面对检测算法的要求也比较高,过于复杂的图像处理算法难以满足系统在实时性方面的要求。不仅如此,车辆行驶环境较为复杂,天气、光线、道路状况以及行人的服饰和姿态等因素均有可能影响系统的检测精度,因此模板匹配的方法也难以在行人检测方面发挥作用。

就目前来看,在行人检测系统中融入分类器是大多数研究人员所采用的解决方法,分类检测是大多数行人检测系统所采用的检测方法。具体来说,分类算法具有鲁棒性强的特点,能够以较为合理的方式选择训练样本和特征,抵抗行人多样性、场景多样性和光照环境多样性等因素的影响。

行人检测系统常用的分类器主要如表2-3所示。

表2-3 行人检测系统常用的分类器

分类器	机制
支持向量机	基于结构风险最小化原理,可通过运用核功能寻找非线性分界线
神经网络	可获得类间的高非线性的分界线,能通过减少自由度的方式利用较少的样本完成训练
Adaboost	将一些弱分类器用加权平均的方式组合成一个强分类器
串联分类器	用快速但分类性能差的分类器的输出,作为分类性能好但速度较慢的分类器的输入,以这样的方式串联多个分类器,优化分类精度和速度

分类器可用于区分行人和非行人物体。具体来说,分类器以图像中的像素值或特征值为输入,以物体的判断情况为输出,既可以得出目标物体是待测物体的具体概率,也可以进行样本训练,处理未知样本,并判断样本中有无待测物体。

对相关研究人员来说,可以从特征、分类算法和样本三个角度来对分类器进行评估,在综合考虑三项因素的情况下找出性能最佳的分类器。

2.2.3 行人检测与跟踪的主要方法

行人检测融合了模式识别、人工智能和计算机视觉等多个领域的先进技术和知识,主要涉及行人目标分类和行人跟踪等内容。现阶段,智能汽车大多借助基于形状信息的方法、基于运动特性的方法或基于模型的方法来实现行人检测功能,如图2-4所示。

(1)基于形状信息的方法

一般来说,当车辆需要用到行人检测功能时,摄像机通常随车辆一同处于运动状态下,采集到的图像的背景会不断变化。基于形状信息的方法能够根据行人的形状特征实现对处于静止或运动状态下的行人的识别，有效抵挡摄像机运动和背景变化造成的干扰。

图 2-4　行人检测与跟踪的主要方法

就目前来看，意大利帕尔马大学计算机工程教授 Alberto Broggi 已经将基于形状信息的行人检测算法应用到了 AR2GO 当中。这种算法会先充分分析行人在外形方面的各项特性，如尺寸、外貌比例、垂直边缘对称性等，并据此找出感兴趣区域，再提取垂直边缘，找出与垂直轴之间有着高垂直对称性的区域，然后根据计算机边缘的熵进一步找到一直与图像中相同的区域进行去除，将剩余的具有对称性的区域作为候选区域，并从中找出目标侧向和底部边界，绘制相应的矩形方框，最后利用行人的头部模型实现对行人头部的定位。

从市区试验结果上来看，若进入视野的行人形象较为完整，这一方法可以发挥出较好的识别效果，正确识别的范围可达 10～40m，同时也具有较强的环境适应能力，能够有效应对复杂环境中的各项干扰因素。

戴姆勒 - 克莱斯勒（DaimlerChrysler）是世界著名汽车跨国公司，其开发并在城市交通助手中测试了一款行人检测系统。该系统会先进行等级模板匹配，并根据行人的轮廓特征来识别候选目标，再执行模式分类任务，采集和分析亮度信息，并利用径向基函数对已暂时锁定的候选目标进行验证。

具体来说，基于形状信息的行人检测方法的难点主要体现在两个方面：一方面，行人具有较强的非刚性的特点，可以摆出不同的形状，提供多种多样的形状信息，导致算法需要处理大量数据信息；另一方面，行人可能处于行进状态，也可能存在遮挡，导致基于形状信息进行行人检测的难度进一步增加。

（2）基于运动特性的方法

基于运动特性的方法指的是采集行人在与图像平面平行的方向行走时的腿部运动特征，并对这些特征信息进行分析，再进一步根据人体运动的周期性实现对行人的识别。

从作用过程上来看,基于运动特性的方法可以先把图像分割成多个区域,并对像素进行聚类,在连续的图像中将各个像素匹配到与之对应的类当中,再对各个类进行跟踪,同时充分发挥快速多项式分类器的作用,找出属于人腿的类,最后利用时空接收域延时神经网络完成分离属于人腿的类的任务。

基于运动特性的方法通常可以根据行人在运动状态下的特征(如运动节奏、运动模式等)实现对行人的有效检测,且不受摄像机运动或目标运动的影响,在智能汽车的行人检测方面具有较大优势。但从实际应用的角度上来看,这种方式也存在许多不足之处:

① 在提取图像中的运动节奏特征时,需确保行人的腿或脚始终出现在图像当中。

② 识别所需的各个序列图像应为连续几帧图像,导致处理时间久,行人识别效率低。

③ 无法实现对静止不动的行人的有效识别。

(3)基于模型的方法

基于模型的方法可以利用各种行人形状模型实现对目标的定位,进而达到行人检测的效果。具体来说,行人模型可分为线性模型、轮廓模型和立体模型等多种类型,其中,线性模型可以利用直线模拟人体的不同位置,并在此基础上描绘出人体的骨骼运动情况。

美国马里兰大学帕克分校(University of Maryland,College Park,UMD)将背景减除法应用到行人检测领域当中,将行人的边缘轮廓从图像中分离出来,并在此基础上构建行人的统计形状模型和线性点分布模型,同时利用主分量分析简化维数,塑造出八维的变形模型空间。

基于轮廓模型的跟踪也在行人检测中发挥着重要作用,这种方法能够利用封闭的曲线轮廓呈现出处于运动状态下的目标,且支持以自动化的形式进行连续更新。明尼苏达大学(University of Minnesota System,UMN)将静止的单目电荷耦合器件(charge coupled device,CCD)应用到交叉路口的行人跟踪控制中,借助这一工具找出序列灰度图像中的行人轮廓,并借此实现对行人的跟踪定位。

基于立体模型的方法在计算参数和匹配的计算量方面的要求较高,能够利用各种三维几何模型对人体结构进行呈现,并描绘出具体的结构细节。例如,K1Rohr可以利用圆柱模型实现对行人的行走状态的三维描述,并在此基础上实现对该行人的跟踪。

基于轮廓模型的跟踪拥有计算简单的优势,一般来说,若行人检测系统可以分离各个运动目标,并对轮廓进行初始化处理,那么在进行行人检测时将能够在一定程度上解决部分遮挡问题,实现更加强大的连续跟踪功能。但就目前来看实现轮廓初始化仍旧具有较高的难度。

2.3　交通标志识别技术

2.3.1　交通标志识别的技术原理

交通标志在维持交通秩序、保障行车安全中扮演着重要角色，由于道路交通的复杂性、动态性与系统性特点，对交通标志的识别必须做到及时、精准，才能避免造成事故与混乱。随着技术的不断迭代发展，对于交通标志的识别也在进步，逐渐由以往的驾驶员人工识别发展为当前的以深度学习与计算机视觉技术为支撑的智能识别。

现代社会人们对交通的依赖度空前提升，交通标志在交通管理与控制方面的意义更加凸显。为了保障各种道路状况下各种车型的安全，交通标志涵盖多个类目，用以进行路况提示，保证行车规范，包括限速标志、禁令标志等。然而，在现实道路场景中，对交通标志的识别往往会因为天气、道路标志被损坏遮挡、路况拥堵识别时间过短、驾驶员自身状态欠佳等因素的影响难以快速、准确地完成，从而造成一定安全隐患。

因此，可以通过科技手段代替人工进行交通标志的监测与识别。基于深度学习与计算机视觉的交通标志检测与识别在传感器获得待识别的标志信息后，计算机能够迅速对图像信息进行提取、分析与比对，从而识别出交通标识的指示意义，并及时响应，保证了识别的准确率，提高了识别速度，更加适应道路行车场景。

（1）交通标志识别的原理

交通标志识别（traffic sign recognition，TSR）是指能够在道路行车环境中快速提取路牌交通标志信息并识别其意义，迅速响应交通标志指示内容，对驾驶员当前的驾驶行为形成干预或直接改变车辆运行状态，保证行车规范与安全的过程。

交通标志识别系统涉及多个维度，交通标志识别是该系统内的一个分支，但其在整个系统内有着重要地位。从应用场景上看，交通标志识别覆盖了多个汽车应用领域，包括无人驾驶汽车和驾驶辅助系统等，其意义在于在高速、高机动的车辆状态下帮助驾驶员快速掌握复杂的道路信息并做出反应。当前，交通标志识别领域已收获部分研究硕果，但随着道路环境复杂性的提升、汽车应用场景的拓展，越来越多的新需求、新问题期待交通标志识别技术的满足和解决。总而言之，交通标志识别技术将在接下来很长一段时间内位于汽车领域研究的中心圈层。

完成交通标志的识别首先需要采集道路立牌上的标志图像，若图像歪斜，则需要进行畸变校正；随后将图像信息进行预处理，减少环境亮度、距离等因素的影响，保证图像的清晰度；之后从颜色、形状两个维度对图像进行结构分割，获取识别选区；最后剔除干扰区域，获取有价值的选区，为之后的信息提取做准备。

（2）交通标志识别的技术

借助摄像头、传感器等电子信息收集工具，能够实现动态连续行车场景下对道路交通标志图像的实时收集；随后通过图像处理技术，能够快速提取图像中的有价值选区，并对选区内的信息进行识别，快速将图像特征与信息库内的信息进行匹配，输出反馈信息。这一过程需要运用图像处理、机器学习、深度学习等多种技术，如图 2-5 所示。

图 2-5　交通标志识别的技术

① 图像处理技术。图像处理在交通标志检测与识别过程中起到了铺垫性作用。在接收到信息采集设备获取的图像后，相关程序通过直方图均衡化对图像细节进行突出，并适当补光，改善画质；通过中值滤波对图像进行降噪处理，减少图像噪声；通过边缘检测对亮度急剧变化的区域进行捕捉，提取出图像关键区域的特征。

② 机器学习技术。机器学习是一种通过数据进行训练，获得涌现能力的学习模型，在趋势预测、对策提供等领域均有应用，也可用于对交通标志的检测与识别。在进行实践应用前，需要"喂"给模型大量的交通标志图像、各类图像的特征数据及所对应的响应指令，随着"投喂"数据的增加，机器对交通标志的理解能力不断增强，并能够自动总结各类交通标志之间的联系，从而奠定了对标志进行正确响应的基础。

③ 深度学习技术。深度学习通过模拟人类的神经网络系统，能够更快地建立不同知识之间的联系，从而提高学习效率和学习质量。在交通标志检测和识别中，深度学习主要通过卷积神经网络算法（convolutional neural networks，CNN）实现。这种算法能够提取、过滤和识别图像的特征，并根据学习过程中形成的规律将各种特征传输至分类器进行分类。CNN 算法的准确性、高效性使其能够满足各种路况环境下的交通标志识别与分类要求，并能够保证检测与识别的实时性。

交通标志检测和识别技术是打造智能交通系统的关键，已在自动驾驶、交通管理、道路导航等多个场景得到了应用。通过这一技术，驾驶员能够在行车过程中实时地获取各种指示信息和道路管制内容，从而快速做出反应，顺畅、安全、规范地行车。

2.3.2　道路交通标志识别的方法

TSR 的实现参照了人类视觉系统对物体进行识别的原理，色彩和形状是其识别过程中两项重要的参照信息。相关算法通过对道路交通标志上的色彩和形状进行提取和分析最终做出判断。

按阶段进行划分，整个识别过程可分为负责条件准备的"区隔"和进行主要判断的"识别"两个步骤。前者从画面中提取目标，并通过色彩和图像分割等进行目标处理；后者对处理后的目标进行特征分析及归类，判断意义后输出交通标志指示信息。

（1）交通标志分割

交通标志分割是在极短时间内对多元素的场景图像进行分析，判断并提取其中有价值的图像区域，随后通过模式识别集中对有价值区域进行扫描，确定其具体坐标。对于有价值区域的判断和提取是通过颜色和形状实现的，这是因为在道路交通标志设计时，为了更好地引起驾驶员注意、直观地传递道路信息，往往会遵循色彩分明、形状突出、指意明显的原则，因此可以利用这一点进行标志识别。

交通标志多使用红色、黄色、黑色等醒目色彩。对颜色指标进行检测和识别的方法有很多，常见的有阈值分割或聚类颜色通道、提取色彩边缘特征、区域分裂等。经过数据训练的人工神经网络能够通过颜色实现待检测区域直方图与模板库预设图像直方图的比对，并将与对象相似度较高的图像模板调出，等待进一步的形状分析。

当前，RGB、HIS 和 CIE 是交通标志识别中应用最多的彩色空间，其中又以 RGB 使用得最多。这是因为所有的颜色都是在 RGB 的基础上调整混合的，RGB 在色彩体系中起着支撑作用。

通常，在交通标志中，不同的颜色与其指示意义间往往是固定的绑定关系，比如红色标志固定指向禁止类信息、蓝色标志固定指向引导类信息、黄色标志则固定指向警告类信息。这种固定的指向关系与 RGB 中的红、黄、蓝形成了完美的对应，这也使得运用 RGB 方法对交通标志进行识别成为可能。但实践中存在另一个问题，TSR 识别过程中可能会受到亮度、阴影、雾气等因素的干扰，而 RGB 本身包含了亮度和色彩两种信息，即 RGB 本身包含的信息量多于 TSR 识别需要的信息量，且多出的信息会对识别产生干扰。为解决这一问题，需要通过归一处理的方式抹除 R、G、B 三种颜色的亮度表示功能，仅让其对应颜色信息。

由于颜色空间除了色相外，还包括饱和度、明度等信息，为了更好地对这些信息进行区分，研究者又在道路标志识别与检测中引入了更加贴合人类色彩认知与分辨模式的 HSI 色彩模型，其中 H 表示色相、S 表示饱和度、I 表示色彩明度。该模型的优点在于 H、S、I 三个指标之间关联度低，能够保证彩色图像在 HSI 空间中所对应色相 H 的相对一致。

(2) 交通标志识别的分析方法

当在行车过程中完成对交通标志图像的有价值区域分割后，需要通过算法进一步明确图像中包含的信息类型，从而获得正确的指令信息。常见的分析方法包括如图 2-6 所示的四种。

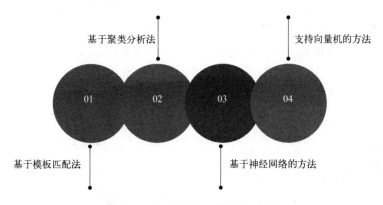

图 2-6　交通标志识别的分析方法

① 基于模板匹配法。模板匹配法即提前将所有交通图像的数据信息录入模板库，当检测开始时，系统将待检测的有价值区域与模板库中预设的形状信息进行比对（比对过程通过像素遍历实现），从而选取与检测对象相似度最高的模板作为检测对象所对应的实际交通标志。此方法原理和操作都比较简单，但是需要大量的运算支撑，且难以实现标志的全覆盖，准确度也有待进一步提高。

② 基于聚类分析法。聚类分析法（也叫聚类算法）是一种运用了统计学原理对图像进行识别分析的方法。该方法受图像中噪声干扰的影响较小，在对自然场景图像的处理方面表现优异。颜色是该方法在检测过程中重点关注的指标，交通标志固定的颜色对应关系为初始聚类提供了基础，使得分类效果能够得到保障，此外，该方法还支持二次聚类，聚类后的图片进一步提出了干扰因素，识别的精确度更高。

③ 基于神经网络的方法。神经网络的结构与人类的神经网络相似，其中存在着大量类似于人脑神经元的节点，这些节点之间能够进行动态交互，从而构成灵活、高算力的信息处理网络。在交通标志检测与识别中，该方法基于 RGB 色彩空间三通道建立了与之相对应的三层神经网络，通过特别的控制单元进行控制。在检测中，三层神经网络通过改变输出信号的频率反馈对交通标志的检测情况，当待检测区域出现交通标志时，信号将由低频转为高频。

④ 支持向量机的方法。支持向量机是一种简单的单向神经网络方法（前馈神经网络，FNN），是一种数据二元分类方法。其主要原理是通过确定是否存在最优决策超平面使得各个样本点到达平面的距离不小于 1，以判断数据是否具有线性可分性，具有线性可分性的数据将被划分为正类和负类；若面临的问题为非线性可分

模式，则需要引入高维特征空间对非线性模式问题进行转换，使其转化为线性可分问题。

2.3.3 道路交通标志识别的应用

当前的交通标志识别技术还无法彻底排除天气、可见度、灰尘等环境因素的影响，面对构成元素复杂的环境图像难以快速识别，且精确度也无法保证；而在实际应用场景中，道路环境以及作为识别对象的道路交通标志本身又可能存在各种意外情况，如交通拥堵，车辆通行时间过短，道路交通标志出现破损、变形、褪色、被遮挡等情况。另外动态、连续的行车过程中出现的抖动、急转、高速等问题也有可能会影响识别过程中图像的比对与识别效果，导致识别错误。这些都在一定程度上限制了道路交通标志识别技术在驾驶辅助领域的应用，当前各类应用方案中，可信度较高的有以下几种。

（1）基于限速标志的自动限速

基于限速标志的自动限速是针对限速标志进行响应的一种解决方案，在成功获取限速标志上所显示的限速值信息后，车辆将提前做好调速准备。接下来分别对各种速度值进行定义：

- V_{real}：实际巡航车速；
- V_{target}：目标巡航车速；
- V_{lim}：限速值信息；
- V_{front}：前车车速。

以自身车速为变量制定不同程度的限策略：

① 本车定速巡航：

- 当车辆速度数值关系为 $V_{target} < V_{lim} < V_{real}$ 时，系统将自动以目标巡航车速为参照下达车辆减速指令，此时限速值信息是关键参数，应保证车辆能够在当前位置到限速标志之前的距离完成减速，以小于或等于限速标志的速度通过；
- 当车辆速度数值关系为 $V_{real} < V_{lim} \leqslant V_{target}$ 时，系统以识别到限速值信息为参照进行减速；
- 当车辆速度数值关系为 $V_{real} < V_{lim} < V_{target}$ 时，系统对车辆的加速度进行控制，保证车辆以小于或等于限速值的速度通过标志；
- 当车辆速度数值关系为 $V_{real} < V_{target} < V_{lim}$ 时，可以参照目标车速执行加速行动，但为避免影响正常驾驶，应保证汽车加速度在可接受范围之内。

② 本车跟随前车行驶：

- 当速度数值关系为 $V_{real} > V_{front} > V_{lim}$ 时，系统在保证调速全过程内汽车能够与前车保持安全距离的前提下自动减速；
- 当速度数值关系为 $V_{real} < V_{lim} < V_{front}$ 时，系统可适当进行加速控制，但应

保证识别距离内自车速度小于或等于限速值；

● 当速度数值关系为 $V_{\text{lim}} < V_{\text{real}} < V_{\text{target}}$ 时，系统对车辆执行减速控制，使之在可识别距离内减速到限速值，不跟随前车加速；

● 当速度数值关系为 $V_{\text{front}} < V_{\text{lim}} < V_{\text{real}}$ 时，在确保车辆能够在一定距离内减速至限速值的情况下有多种调速方式，既可以参照目标前车进行减速控制，同时也可以直接参照限速值进行调速。

③ 通过限速牌后控制逻辑：本车在完成自动限速后，在通过首个限速牌与之后识别到的限速牌之间时需要参照新的限速值重新进行速度控制，若新的限速值小于当前限速值，则重复①②步骤中的限速行动，若新的限速值大于当前限速值，则需要获得当前车辆的实际行驶速度，并参照前车速度、本车目标巡航车速重新调整车辆的加速度，保证车辆在符合限速要求、与前车保持安全行车距离的前提下进行调速。

（2）基于并道策略的提前并道

当在高速公路上行车时，速度控制应考虑提前变道的问题，可选择的方案有：

① 当车辆驶入可识别范围内获取到并道标志信息时，通过输出语音或图像发出提示，让驾驶员手动变道至目标车道；

② 当车辆驶入可识别范围内，系统接收到了精确的车道级别信息时，则系统无须提示可直接进行车辆变道控制，这一过程中需要判断目标车道该距离内是否允许变道、是否有变道风险等。

（3）基于红绿灯识别的提前制动

基于红绿灯标志识别的驾驶辅助系统需要系统及时对识别到的红绿灯信息做出反应，下达车辆巡航及变道指令，其控制场景策略如下。

① 识别到绿灯：若本车当前跟随前车行驶且前车速度较低，则本车可保证在与前车保持安全距离的状态下延续当前的跟随状态，等待车灯变为黄灯时以减速至停止的动作行为代替原本的跟随动作；若车辆处于自车定速巡航模式，则需要根据当前车速与定速值的关系确定下一步所采取的行动——当当前车速大于等于定速值时，则确保车辆不再变速，保持当前行驶状态；当当前车速小于定速值时，则以定速值为目标车速均衡加速，此时驾驶员需要关注两方面，一是信号灯变化情况，二是加速度。

② 识别到黄灯：该状态下，不论车辆是否跟随前车行驶，都需要执行减速操作直至停车，此时可以利用车辆惯性使离合器拖动发动机运转，等车辆转为低速时再开始制动，节能的同时减少车辆抖动。

③ 识别到红灯：该状态下需在减速过程中注意与停止的前车保持安全距离（1m以上），同时迅速对本车进行制动减速，快速安全停车。

第 3 章
高精度地图与定位技术

3.1　高精度地图与定位技术概述

3.1.1　高精度地图的基础知识

高精度地图（high definition map，HD Map）也被称为"高精地图"或"自动驾驶地图"，包含更加详细的地图元素以及更加丰富多元的属性，使用对象是机器人和智能网联汽车。一般来说，高精度地图的数据误差小于0.2m，并且包括三维信息，相比于误差达到10m且不含三维信息的传统地图，高精度地图取得了明显的进步。高精度地图可以在智能汽车的匹配定位过程中起到重要的辅助作用，同时借助车道级别的信息精度，它可以让自动驾驶系统的路径规划达到厘米级。

2016年，特斯拉多次出现撞车的事故，从事故中人们再一次意识到高精度地图的价值，它能够有效保障自动驾驶的安全。当前普遍的观点是，自动驾驶达到L3以上的级别离不开高精度地图的支持。另外，高精度地图的应用范围不只局限于智能驾驶，在未来还将包括智慧城市、物联网等领域，成为数字基础设施的一块重要"砖瓦"。

（1）高精度地图与传统地图的区别

传统导航地图与高精度地图的区别体现在：
- 地图精度上，高精度地图将采集精度从传统地图的米级提高到了分米级或厘米级；
- 信息量上，高精度地图涵盖的要素种类更丰富，涉及的范围更广；
- 数据新鲜度上，高精度地图的数据更新频率更高，能做到随时提供最新的数据；
- 使用对象上，传统地图和高精度地图的服务对象分别是人和机器；
- 高精度地图只需包含与导航和安全驾驶相关的信息。

高精度地图与传统地图的区别如表3-1所示。

表3-1　高精度地图与传统地图的区别

要素	传统导航地图	ADAS地图	高精度地图
地图信息	道路级别信息	车道级别信息	
路径规划	全局路径规划	局部路径规划	
精度	米级	分米级	厘米级
信息量	道路级别数据：道路形状、坡度、铺设、方向等	高精道路级别数据：道路形状、坡度、曲率铺设、方向等	增加车道属性相关数据以及高架物体、防护栏/树、道路边缘类型、路边地标等大量数据

续表

要素	传统导航地图	ADAS 地图	高精度地图
实时性	永久静态数据（更新频率约 1 个月 1 次），半永久静态数据（更新频率约 1 小时 1 次）	永久静态数据（更新频率约 1 个月 1 次），半永久静态数据（更新频率约 1 小时 1 次），半永久动态数据（更新频率约 1 分钟 1 次），动态数据（更新频率约 1 秒 1 次）	
街道名称信息重要性	重要	一般	一般
道路曲率数据重要性	一般	重要	重要
道路几何特征	重要	重要	重要
使用对象	驾驶员	面向机器、自动驾驶汽车使用	
定位	依赖 GNSS 定位，定位准确性取决于 GNSS 精度、信号强弱及定位传感器的误差	通过多维数据结合高效率的匹配算法，能够实现更高精度的定位与匹配	
功能	辅助驾驶的导航功能	"地图匹配+辅助环境感知+路径规划"：通过"高精度+高动态+多维度"的地图数据为智能驾驶提供自变量和目标函数	

（2）高精度地图的发展阶段

① 传统导航地图。车载导航电子地图出现于 20 世纪 80 年代，最初的功能是向车主提供位置与道路网络信息（路网信息）以及道路导航服务，其中路网信息比较单一，只是将道路用线条描画出来，不包括宽度、斜率、弯道曲率等道路的具体信息。

② ADAS 地图。ADAS 地图是一种高级驾驶辅助地图，相比于传统的导航地图，ADAS 地图的数据有着更高的精度和保鲜度，能够提供更加丰富多元的现实信息，如传统地图没有的道路形状、坡度、车道数和限速数值等信息。根据车辆当前所处的位置，ADAS 地图对车辆即将驶入的路段的相关情况进行分析，根据分析结果对驾驶员发出提醒，让驾驶变得更加安全和便利。

③ 高精度地图。2012 年人们开始研制配备有自动驾驶功能的汽车，研制完成后进入产品的测试阶段，发现自动驾驶汽车需装备精确度更高的车载导航地图，高精度地图即在这样的背景之下产生。高精度地图的车道级信息相比 ADAS 地图有着更高的丰富度和精确度，能够借助车路协同传感器实时更新路况，提供最新的路况信息，此外还能为驾驶员制定符合其驾驶习惯并与道路状态相适配的个性化驾驶方案。

3.1.2 高精度地图的应用价值

高精度地图指的是绝对精度和相对精度均能够达到厘米级的一种导航地图。高精度地图中主要包含三类数据：其一是与道路相关的信息，比如车道线、道路坡度等；其二是与道路周边设施相关的信息，比如道路指示牌、交通信号灯等；其三是定位图层信息，即与车辆实时运行相匹配的动态信息。

高精度地图具有高丰富度要素和高分辨率的显著优势，因此其对于自动驾驶领域的发展具有重要意义。在自动驾驶的不同发展阶段，高精度地图的价值也有所不同，如表 3-2 所示。

表3-2　高精度地图的价值

自动驾驶阶段	辅助驾驶（L2+）	有条件自动驾驶（L3）	高级别自动驾驶（L4～L5）
责任主体	以人为主	人和机器混合	以机器为主导
依赖性	依赖度较低	依赖度较高	高度依赖，是必需品

接下来我们将具体讲解在智能网联汽车的不同发展阶段，高精度地图发挥的作用。

（1）高精度地图是辅助驾驶阶段多重融合感知的安全冗余

目前，高精度地图在辅助驾驶领域应用最多。在自动驾驶的阶段划分中，辅助驾驶属于 L2+ 级。在这一阶段，大多数场景下还是需要驾驶员的人工操作。辅助驾驶具备的功能包括自适应巡航、车道保持、疲劳监测、自动制动等，由摄像头、激光雷达、毫米波雷达等组成的多重感知传感器为功能的实现提供了硬件基础。

在辅助驾驶阶段，由于传统电子地图能够在实时定位导航、路径规划方面起到关键作用，所以并不十分依赖高精度地图，这一阶段高精度地图甚至不是必要的配置。

但是上述传感器不能在极端天气下确保驾驶安全不受威胁，这种情况下就需要用到高精度地图这一超视距传感器，它的先验知识可以用来形成安全冗余保障。高精度地图在辅助驾驶阶段的应用场景并不多，且其采集成本比较高昂，因此为了节省成本，提高量产速度，有些车企选择了"重感知轻地图"的策略。不过，车企从商业利润出发做出的这一选择没有得到地图监管部门的支持，在这样的背景下，高精度地图在保证车辆安全合规的层面仍有不可替代的价值。

（2）高精度地图是有条件自动驾驶阶段预感知的重要基础数据

在自动驾驶的发展历程中，L3 阶段是一个关键的节点，这一阶段高精度地图的价值得到了更为充分的体现。在高精度地图的作用下，L3 级自动驾驶的预感知需求得到了最大程度的满足。L3 阶段的主要特点为人车混合驾驶，在 L3 阶段，高精度地图是重要程度最高的数据源，也是先验知识库即动态的运行设计域（operational design domain），对自动驾驶的路段和条件给出定义，制定关于自动驾驶的总体策略，并做出具体决策，比如根据条件的合格与否启动或禁用 L3 级自动驾驶等。

高精度地图在 L3 阶段的地位非常重要，可以想象，在 L3 级自动驾驶得到广泛应用后，其市场热度以及价格将迎来大幅提升。而就目前的情况而言，自动驾驶要想全面进入 L3 阶段还需要政策的背书，从现在到政策开放前的这段时间对于高精度地图来说是一个机遇期，在此期间高精度地图要努力实现更低的成本和更高的效率，为L3时代的到来做好充分准备。

（3）高精度地图是高级别自动驾驶阶段必不可少的数据库和知识库

L4及以上阶段即为高级别自动驾驶，在此阶段，绝大多数时间内车辆的驾驶都由机器来完成，人对车辆行驶过程的干预已经很少。按照业界的普遍观点，高级别自动驾驶将在2025年后将得到较快发展，2030年后将实现大规模应用，届时高精度地图的地位和重要性将达到新的高度，数据库和知识库功能使它成为自动驾驶车辆不可替代的必备要件，同时在驾驶安全这一关键问题上它也能提供足够的安全冗余保障。

经历了L2和L3阶段，高精度地图有了深厚的技术积累，其能力也得到了验证，这使得它在L4及以上的高级别自动驾驶中扮演着至关重要的角色。高精度地图具有高精准度、高新鲜度、高丰富度的特性，能够提供道路信息、环境信息、实时动态信息等先验知识，弥补其他传感器的局限。

在高级别自动驾驶阶段，车辆要想实现自动驾驶操控功能，高精度地图数据是必不可少的，其他传感器和车路协同起到的作用只是对数据进行验证和修正，这样一来车辆传感器需要采集的数据跟原来相比减少了，车端运算和处理的工作量也减轻了，这使得车辆的运行变得更加高效。这个阶段，为了满足数据保鲜度和数据闭环的需求，高精度地图需要做到更多，乃至要对采集和制作模式做出全面更新，其价值将得到最大程度的挖掘，并且可能与自动驾驶的软硬件融合起来，成为一个整体。

3.1.3 高精度地图的数据结构

从"高精度地图"概念的提出到现在时间虽然不长，但高精度地图数据结构的发展历程却已很长，导航电子地图是它的来源，后来随着自动驾驶等需求的增加，其内容不断地得到拓展。按照目前业界的普遍观点，高精度地图的数据结构应由静态地图数据与动态地图数据两部分组成，如图3-1所示。

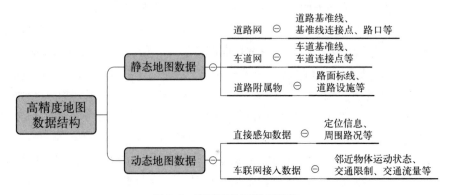

图3-1　高精度地图数据结构

（1）静态地图数据

静态地图数据在高精度地图数据中具有基础性的地位，是地图内容的主要框架，在地图制作的过程中应当重点关注。与传统导航电子地图信息相比，高精度地图拥有更高的信息精度，道路信息可以达到车道级，此外还包括道路基础设施等环境方面的信息。

适应自动驾驶公司和行业协会的需求，国内外出现了多种针对静态地图数据的结构定义的规范。在国外，有国际导航数据标准协会的 Open Lane Model、德国自动化及测量系统标准协会（Association for Standardization of Automation and Measuring Systems，ASAM）的 OpenDRIVE 标准等。在国内，全国智能运输系统标准化技术委员会给出了智能驾驶电子地图的数据模型和交换格式，另外，有的公司引进了国外规范并根据国内的情况进行了改动，如 Apollo OpenDRIVE 标准、EMG HD Map 等。

以导航地图的发展阶段作为划分依据，可以将静态地图数据分为传统导航地图已包含的部分，以及车道级驾驶辅助地图较传统地图新增加的部分，包括道路网、车道网、道路附属物，如图 3-2 所示。

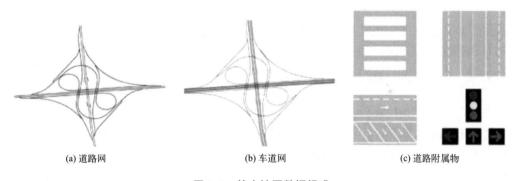

(a) 道路网　　　　　　(b) 车道网　　　　　　(c) 道路附属物

图 3-2　静态地图数据组成

① 道路网：传统电子导航地图的信息是二维的，主要包括基础道路数据；高精度地图在此基础上加入三维信息，以更高的精度描画出道路的几何形态和关系，包括道路之间以及道路与路口的关系，还有道路与车道、附属物之间的关系，这些关系将通过物理数据模型中的外键关联得到体现。路口、道路基准线、基准线连接点，这些是构成道路网的要素。

② 车道网：主要由车道基准线、车道连接点等要素组成，可精准呈现车道的几何位置以及车道之间的关系。从纵向的维度出发，车道连接点使分属不同路段的车道之间建立起直接的关联，以完成宏观层面上的车道级路径规划；从横向的维度出发，借助道路外键在同属某一路段的车道之间建立间接的关联，以进行局部层面上的动态车道变换。

③ 道路附属物：在智能驾驶过程中发挥辅助作用，保障驾驶安全的实际地物设施，它们无法在抽象的道路网和车道网中得到体现。道路附属物有路面标线和道

路设施两类，前者如导向车道线、停止线、公交站标线等，后者如交通信号灯、路灯、护栏等。

（2）动态地图数据

单凭高精度的静态地图数据不足以让车辆实现完全自动驾驶，另外还需获取有关真实场景的信息。安装在车辆上的摄像头、雷达等传感器负责感知车辆周围的行人、车辆等信息，不过传感器所能获取到的信息种类有限，而且在复杂环境下会产生视野盲区，这进一步限制了传感器的作用。因此需借助动态地图数据使传感器拥有更广阔的视野，从而提高自动驾驶的安全性。动态地图数据包括直接感知数据和车联网接入数据，如表3-3所示。

表3-3 动态地图数据

动态地图数据	具体内容
直接感知数据	传感器采集的数据，主要包括车辆的定位以及附近的道路状况
车联网接入数据	借助车辆网接入的实时路况信息，可以对传感器的感知数据做出补充。接入数据可提供全局信息和局部信息（前者如行车路线上的流量状况和交通限制信息，后者如车辆附近物体的状态与运动轨迹），协助自动驾驶制定全局导航规划，在具体位置做出对应的行驶决策

3.1.4 高精度地图的数据生产

（1）高精度地图生产模式与流程

高精度地图数据的生产主要涉及静态地图数据，在数据生产完成后，还需对数据进行更新。高精度地图通常情况下由地图部门或公司主导数据的生产，同时也有数据众包的参与，这是因为数据生产的工作量很大，对于数据的即时性也有着较高的要求。包括众包数据的多源数据可以使高精度地图保持较强的实时性，业界一致认为这样的模式是未来高精度地图生产所要遵循的。

目前，高德地图已在这方面取得了进展，形成了丰富多元、立体性强的数据更新体系。高德地图的数据来源非常多样，包括数据采集队伍、用户原创内容、政府等，从而将数据的鲜度、精度、丰富度保持在较高水平。

高精度地图运用的数据生产技术虽有差异，但流程大致相同，如表3-4所示。

表3-4 高精度地图的数据生产流程

数据生产流程	具体内容
原始数据采集	由各种传感器收集原始数据，数据类型有GNSS、IMU位姿、遥感影像等
数据预处理	去掉多余的不必要的数据，对数据格式进行调整，转换坐标系
检测识别	提取地图要素并进行检测，检测方法有人工智能技术等
质量检验	检查数据的逻辑关系和精度，为地图发布做好准备
地图发布	高精度地图的正式上市交付

表 3-4 中的流程已为多家制作高精度地图的地图公司所采用,形成了相应的生产方案,如 Apollo 地图生产开放式平台、地平线 NavNet 视觉众包地图解决方案等。

(2) 高精度地图生产技术方法

在高精度地图的生产中,数据采集设备和原始数据源是决定生产技术方法的两大直接因素。高精度地图生产技术方法由传统生产方法和非传统生产方法组成,与"专业 + 众包"的生产模式有相通之处,如图 3-3 所示。

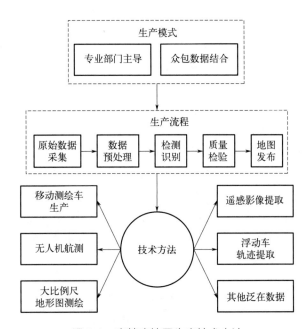

图 3-3　高精度地图生产技术方法

① 传统生产方法。移动测绘车生产、无人机航测和大比例尺地形图测绘都属于传统生产方法,其中移动测绘车生产的使用频率最高,需用到多种设备,包括激光雷达、GNSS/IMU 位姿传感器、全景相机、车轮测距器。这种生产方法有着很高的作业效率,能够采集到丰富全面的道路信息,只不过价格比较昂贵。

移动测绘车主要运用三维点云数据,用来构建点云地图以及对目标进行检测。另外,在高精度地图的数据生产中,无人机航测和大比例尺地形图测绘也是较常使用的方法,然而其资质申请难度较大,执行作业需经历的周期比较长,所以更多地用于数据生产完成后的更新。

② 非传统生产方法。非传统生产方法的主要特点是:在提取高精度地图要素时,使用的数据来自非传统传感器和测绘方式。此类方法中较有代表性的是遥感影像和轨迹数据。在很久之前,遥感影像就已在地图数据生产上得到了应用,但其精度始终没有达到高精度地图数据生产的要求。

量大、对精确性的要求高,高精度地图数据的这些特点预示了其未来的生产道路,即基于"专业+众包"模式的多源数据融合,一方面坚持专业标准,保证数据质量,另一方面借助众包实现数据的更新。由于高精度地图主要用于高级别自动驾驶,因此会遇到更多的政策和数据安全方面的问题,面对这些问题需认真考虑如何构建起完善的协调机制。

3.1.5 高精度地图的实现方法

目前,高精度地图更多地应用于自动驾驶场景中,它是自动驾驶实现精确环境感知的基础,并为自动驾驶系统提供有力支持,使其能够安全高效地帮助车辆抵达目的地。因此,在研究高精度地图功能的应用时,有两个关键的着眼点:高精度地图的匹配与定位、高精度地图的导航与规划。

(1) 高精度地图匹配与定位方法

数据本身分为多种类别,这使得高精度地图的定位方法存在差异,但各种方法在基本思路上并没有分歧:借助 GNSS/IMU,先得到车辆所处的大概位置,另外车辆会实时收集有关周围环境的信息,地图也包含有精确位置信息等数据,通过两者之间的对比和匹配,就能完成当前车辆的定位。

定位方法采集和匹配的数据在种类上存在差异,根据数据种类的不同,定位方法被分成了两种,分别为基于点云数据的定位和基于提取特征的定位,如表 3-5 所示。

表3-5 高精度地图匹配与定位方法

匹配与定位方法	具体内容
基于点云数据的定位	目前来说,这种定位方法使用得最多,它在当前扫描点云和地图点云之间进行比较,以地图为参照得出车辆的姿态。点云匹配方法还可以继续划分,分为几何匹配、基于高斯混合模型匹配和基于滤波匹配
基于提取特征的定位	指用其他形式作为采集数据和匹配数据,例如采集数据选择采用图像的形式,运用匹配数据的矢量轮廓和特征点等展开匹配计算

另外,高精度地图数据已拥有多个版本,在这样的前提下,在不同时刻,各个设备会进行高精度地图数据的采集,可通过自动配准方式将采集到的数据进行融合。对于智能车来说,高精度地图的意义是作为一种"道路记忆",因此其定位功能是十分关键的。现有的定位技术主要是基于 GNSS、5G 等信号或 IMU 等航迹推算,在此基础上,定位技术将走向多元化和有机融合,智能地选择与环境适配性高的定位方式,兼顾安全和效率。

(2) 高精度地图导航与规划方法

规划路径时要参考车道模型,通过设计代价函数评估风险和损失,针对当前行驶目标给出导航路径和行驶策略的最优解。为了满足自动驾驶的要求,高精度地图在给出导航路线之外,还需在行驶过程中实时感知道路和环境状况,根据实际情况对路线做出修正。为了提高驾驶效率并保证驾驶安全，生成和刷新导航路线应做到及时，不能超过特定的时间阈值。

传统道路导航提供了有关分层路径规划的思想，以此为参考，可得到两种车道级路径规划的策略：

① 分层寻路。首先从较为宏观的道路层面入手，通过搜索找到道路级别的最优解，之后借助中间关联层完成从道路到车道的对应，确定应在道路的哪条车道上行驶，由此实现车道级路径规划。如果路径规划所涉及的范围比较大，那么这种方法将是不错的选择，在计算效率方面能取得较好的效果，不过需注意的是采用这种方法要完成对道路、车道和中间关联层的建模。有学者提供了一种方法，此方法根据车辆在车道中行驶时呈现出的态势进行拓扑构建和路径规划，用 lanezone 作为核心要素做出二次规划，如图 3-4 所示。

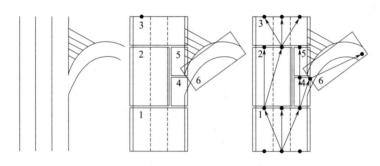

图 3-4　基于车道驾驶态势的拓扑构建

② 对于小范围或是局部路径规划，可以直接根据所生成的车道级有向图寻找最优路径。有研究者在规划车道级的静态路径时，使用了 A* 算法这种启发式搜索算法，参考出发点和目的地规划最佳行驶路径，与此同时保证行驶的过程中不违反交通法规。

3.2　高精度地图的关键技术体系

3.2.1　数据采集

与传统导航地图相比，高精度地图不仅提高了数据的精度，而且实现了数据从二维到三维的跨越。因此，高精度地图需要整合的信息量也更多。高精度地图的数据采集涉及多个环节、依赖多种设备，需要严谨规划和规范执行。比较常见的地图采集方案主要有两种，如表 3-6 所示。

表3-6 常见的地图采集方案

地图采集方案	具体内容
专业采集	即专业的数据采集人员利用采集车和测绘设备进行地图制作。这种采集方式的优点是数据的准确性高、数据属性和粒度更加细致，但缺点主要表现为采集成本高、数据无法获得快速更新
众包式采集	即整合大量非专业采集车辆获取的多源异构数据进行地图制作。这种采集方式的优点是数据的实时性好、采集成本相对较低，但缺点主要表现为数据精度不够、数据来源及标准不一等

"双翼"高精度地图策略是将专业采集与众包式采集进行深度结合的一种高精度地图采集技术。其基本逻辑为：首先，利用专业采集构建地图基础框架；然后，从海量众包式采集获得的地图数据中，实时提炼符合要求的信息，用于地图数据的更新和整合。借助于先进的人工智能算法，"双翼"高精度地图采集技术使得专业采集与众包式采集两种方式优势互补，在提升数据精度的同时，有效降低采集成本。

（1）RTK-SLAM技术

激光雷达、毫米波雷达、车载摄像头等传感器负责获取道路信息，并提供给高精度地图用作数据。当处在封闭或有大面积遮挡的空间内时，全球导航卫星系统（global navigation satellite system，GNSS）定位信号无法顺利传输，这时要依靠同步定位与地图构建（simultaneous localization and mapping，SLAM）技术完成绘图和定位。RTK-SLAM技术（其中RTK为real time kinematic，即实时动态）借助三维激光点云设备得到位置与模型，并在SLAM技术的基础上加入RTK控制点，令其与SLAM算法结合起来共同完成解算，使获取到的位置信息具有更高的置信度。

运用RTK-SLAM技术时，有多种作业方式可以选择，包括手持、背负、移动平台等，由此可获取多种模型和数据，包括高精度矢量化三维激光点云模型、包含坐标位置和姿态的图像数据、轨迹点数据等。无论环境是开放还是封闭，不管有无GNSS定位信号，RTK-SLAM技术在精度方面都表现得更为出色，此外它的优点还体现在自动化程度、便捷性、稳定性、细节表达能力等多个方面，面对不同的复杂环境都有较好的适用性。在自动代客泊车（automated valet parking，AVP）场景下，RTK-SLAM技术被用来为高精度地图采集数据。

（2）快速移动测量技术

目前，要想实现高精度地图快速量产，需要先解决这样一个难题，那就是怎样提高获取和更新海量地图数据的速度和精度。应对这一难题需要用到移动测量技术（mobile mapping technology，MMT）。MMT的应用需要移动载体上的多种传感器作为硬件基础，包括北斗或GPS定位设备、感光耦合组件（CCD）或全景相机、惯性导航单元、激光雷达等。当载体处在高速运动状态下时，这些传感器进行标定、融合、时间同步处理，实时高效地获取道路和地物的位置及属性等数据，如道路中心线和目标地物的位置、道路的宽度和坡度、路边基础设施、交通信号灯等。

传感器收集到的数据会同步到车载计算机系统中，对数据进行加工处理得到自动驾驶的高精度地图，由此高精度地图所需数据的获取速度得到了有效提高。

（3）众源专包数据技术

NoMap(not only map，不仅仅是地图)这一理念是众源专包数据技术的出发点，在SLAM、AI与大数据等最新技术的支持下，该技术将数字化的对象从书面的地理信息转换到生动的人类活动场景，通过高速公路及城市快速路数据更新、城区高精度地图、AVP高精度地图等模块的联动，让场景变得更加广阔，显示出宏大的技术布局。当前的高速公路、城市快速路自动驾驶以及未来的数字时空应用领域都将成为众源专包数据技术的使用场景，该技术主要是通过以下路径实现的：

① 借助以激光和机器视觉为基础的专包系统技术研发及工程化部署，在较短时间内形成高速公路和城市快速路的地图，并在保证成图速度的同时兼顾数据的精度，每条道路至少要进行3次数据采集。如果地图上的数据与真实的数据存在差异，会及时做出识别并完成更新；

② 借助以视觉为基础的众包系统技术研发及工程化部署，完成城区、停车场等场景的HC成图；

③ 数据成图是众源专包数据技术的主要业务，此外该技术在车端感知领域同样有所建树，具备全栈技术闭环解决方案以及战略合作生态能力。

（4）基于数据生态闭环的众源更新技术

高精度地图的更新频率对于自动驾驶来说是一项关键的指标，在领域内受到重点关注。在数据生态闭环这样一种更新机制的推动下，地图更新的模式将逐步发生转变。目前，高精度地图主要依靠自主采集完成对地图数据的更新，而在将来众源更新会成为占主导地位的数据更新方式，自主采集将发挥辅助的作用。自有的专业采集车辆在数据采集的精度和效率上拥有明显的优势，此外地图开放平台、车企、政府等各方也可提供海量的出行生态数据，该机制将不同领域的资源整合起来，形成泛生态数据集，提高高精度地图数据的新鲜度。

此数据集具备多方面的优点，涵盖的驾驶场景较为齐全，数据的规模非常可观，拥有较长的生命周期，此外在安全监管上较为严格。基于强大的数据集，生产和更新高精度地图数据时可引入深度学习和人工智能技术，用自动化的手段处理点云及图像，以高于90%的识别率对关键要素进行自动识别，识别完成后提取关键要素并做出预判，在全要素和多模态的前提下完成标注。

该机制的准确性得到提升之后，便可减少人工的参与，实现更高的处理效率和更强的实时性，高精度地图的全流程更新的覆盖范围、质量以及自动化率都将达到较高的水准，同时大大减少更新所需的成本。

3.2.2 数据处理

（1）点云感知+图像融合自动化处理技术

与传统的数字地图不同，高精度地图对精度和新鲜度的要求更高，这是由自动驾驶等应用领域的需求决定的。此外，高精度地图可以提供更加丰富多元的信息，包括道路形状、车道线、坡度等道路信息，以及道路基础设施、交通标志、交通信号灯等环境信息。

自动化处理系统是高精度地图生产流程的核心，将点云感知和图像融合两种方式结合起来，使要素识别的召回率和准确率大幅提高；完成要素识别后，借助融合写入服务完成要素到数据的预先写入，同时将人工核对和校正作为辅助手段，实现高效作业。另外在数据更新上，可采用数据差分、自动融合等方式提取现实变化部分，省去许多工作量。

除此之外，自动化处理系统还借用简化生产工艺将车道线产线呈现为 2D 灰度图并对其做出识别，使作业过程得到了极大的简化。在以上技术手段的帮助下，高精度地图在实现数据的自动化生产上取得了很大进展。

（2）道路要素智能提取与高效更新技术

过去是使用人工来提取道路要素特征，这种原始的手段需花费较多的成本和时间，同时精度也比较低。而高精度地图要在很短的时间内获取和更新道路要素三维信息，因此需在人工方式之外寻找新的要素提取技术。运用机器学习辅助的高精度地图生成技术，可以让特征提取具备更高的精度，在一定程度上解放人力。点云智能矢量化技术将深度学习和后处理算法融合到一起，自动提取出现在地面上的目标，使数据自动化处理的能力得到了加强。

该技术用到了人机交互，根据地面目标的空间特征、反射强度等特性对其做出筛选，标记筛选出的数据，并用深度学习对数据进行训练。在人机交互这一作业生产模式之下，数据采集的效率提升明显，同时因为取代了人工模式，在很大程度上避免了人为操作导致的误差，提高了数据采集的准确度。目前，高精度地图普遍采用这项技术来自动提取道路边线、车道线等道路要素，以及杆状物等环境要素。

高精度地图的现势性强，数据更新的工作量大，对时间的要求比较严格，因此数据库的更新作业需多人操作。如果采用分区作业的模式，则需要裁切数据以分配工作，也需要拼接数据来汇总工作成果，而该技术采取的是网络化协同作业的工作模式，不必进行数据的裁切和拼接，避免服务器数据体量、协同作业人数等因素影响生产效率，数据生产和更新的效率由此得到明显提升。

（3）基于 LiDAR 或 BEV 感知的自动化建图技术

传统的建图是借助机械激光雷达完成的，而汽车上配备的是视觉与半固态激光雷达，它的精度达不到机械激光雷达的水准。另外，此种雷达有限的视场角会影响数据的收集与定位，硬件的局限使建图面临难题。

依托车载固态 LiDAR（激光雷达）或环视 BEV 视觉，构建起成规模的自动化建图技术，可大幅提高数据处理的自动化程度，为数据技术给出针对性极强的解决方案，同时推动高新地图实现自更新数据闭环。

车载传感器收集的数据可为该技术体系提供支持，在行驶过程中对道路环境的实时变化做出精确感知。提取并融合点云和图像中包含的核心信息，形成语义图，将其叠加在高精度地图的底图上，完成地图的更新，这个过程体现了自动驾驶高精度地图极高的时效性。

该技术目前已实现在多种驾驶场景下的应用，包括高速公路、城市道路、隧道、地下停车场等。在复杂路段这样的长尾场景中，它的作用尤为突出，可以有效弥补自动驾驶在此类场景下的局限。除了乘用车之外，该技术也可用于卡车、物流车等商用车的自动驾驶场景。

3.2.3 数据融合

（1）融合高精度定位技术

传感器选用摄像头、惯性测量单元（inertial measurement unit，IMU）、全球导航卫星系统（global navigation satellite system，GNSS）、高精度地图，则传感器的同步和失效处理将具备较高的精度，融合定位结果的精度和置信度也将达到较高水平。将融合高精度定位技术和高精度地图数据结合起来，能够以极高的精度将车辆当前所处的车道呈现在高精度地图上，将导航功能提升至车道级，在车辆需要变道时发出准确的提醒。融合高精度定位技术的优势如表 3-7 所示。

表3-7 融合高精度定位的技术优势

序号	技术优势
1	对硬件的要求不高，只需 L2 级别以上量产车的传感器
2	不需要占用太多算力资源
3	技术路线为语义 SLAM 而非传统的视觉 SLAM，不必有单独特征定位图层，不过多地依赖高精度地图的格式，对各种高精度地图都有着较好的适配性
4	定位精度高，横向可达 20cm，纵向可达 30cm
5	鲁棒性高，在各种工况和天气下都能保证定位的精确性，如高架桥、隧道、雾天、雨雪天气等

（2）GNSS/INS/ 轮速 / 视觉等多传感器融合高精度定位技术

在高精度地图采集信息以及各智能终端进行感知和决策的过程中，高精度定位技术发挥着基础性的作用。传统 GNSS 定位技术存在一定的局限性，在隧道、高架桥、城市峡谷等较为复杂的行驶环境中，GNSS 信号会出现失锁、多路径等状况，且无法得到有效解决。

该技术依托 GNSS、INS、轮速、视觉等多个传感器，构建多传感器融合定位技术，将 IMU 捷联解算和轮速计补偿引入由 GNSS/RTK 构成的技术底座，在滤波和因子图优化方法的基础上建立紧组合定位算法，让车道线视觉匹配技术在复杂环境下发挥辅助作用协助完成定位，尽可能利用各传感器具备的优势，让全场景的定位精度和可靠性达到更高的级别，实现高精度的位置和姿态解算，并提供解算结果。目前该技术被一家车企用于 L2+ 级辅助驾驶场景，精度在 20cm 内。

（3）GNSS/IMU 组合解算技术

自动驾驶的应用场景非常广泛，而在城市峡谷、隧道、高架桥等较为复杂的场景中，GNSS 信号将受到遮挡，GPS 将出现失锁的状况，这种情况下传统 GNSS 定位方式不能实现高精度定位。GNSS/IMU 组合的解算技术可以弥补单一 GNSS 定位方式的局限性，在城市复杂场景下做到高精度定位，始终对定位进行递推，以较高的精度输出载体的位置和姿态信息。高精度定位对于高精度地图的数据采集来说有着重要的意义，高精度地图数据的精度受到数据采集端定位精度的影响，会随后者的提高而提高。

GNSS/IMU 组合解算技术可以对 GNSS、轮速与 IMU 信号进行数据融合解算，这是借助滤波融合算法做到的。输出高精度位姿数据，需要用到多项技术，包括 GNSS 相位差分定位解算、IMU 姿态捷联解算、IMU 姿态修正、杆臂效应补偿。

（4）3D-SLAM 三维建图技术

在 GNSS 无信号的环境下，3D-SLAM 可做到精确地自主感知和厘米级的高精度自主定位，有效提高应对室内、室外、地下复杂场景的能力。多传感器融合、即时定位与建图技术使无人设备在复杂地形这样的三维环境下具备了较强的适应性，做到了自主定位、自主导航。地面和空中无人平台都是该技术的应用对象，在不同环境下帮助多种无人设备实现高精度实时自主定位导航，包括无人机、无人驾驶汽车、巡检/物流机器人等。此外，3D-SLAM 三维建图技术可协助高精度地图进行制作与更新，在 GNSS 无法发挥作用的场景下实现自主定位和建图。

（5）HD GNSS 高精度定位技术

该技术属于精密单点定位（precise point positioning，PPP）定位算法，将分属于多个不同频率的常规 GNSS 信号合并起来，匹配到世界范围内的高精度地图和导航地图上去，其在全球各处有超过 200 个参考基站以及不计其数的众源数据，根据基站和数据，运用复杂的算法将卫星时钟、卫星轨道和电离层存在的单个误差计算出来，通过可靠性较高的纠偏算法对对流层的误差做出校正。对于嵌入式设备和芯片，HD GNSS 可提供高精度定位云服务 API 或定位引擎，定位精度可以达到亚米级，同时首次定位时间和亚米级精度收敛时间也将大大加快。目前该技术已在世界范围内得到了广泛应用。

3.2.4 地图发布

一体化制图平台和发布平台在地图发布的技术中是比较有代表性的，该平台容纳了多方提供的数据，数据来源包括高精度采集车、高级别自动驾驶汽车的传感器、卫星影像和街景、第三方、政府、人工导入等。该平台对众多的数据执行自动化识别、制作、发布、人工检查等一系列流程，将导航电子地图和高精度地图关联在一起，在生产过程中实现同步更新；依托共同的生产和发布平台，发布达到标准精度要求的导航地图和高精度地图，提高自动驾驶的安全性。

通过云的高精度地图服务，该技术使标准地图的精度得到了很大的提升。该技术将其三个图层的地图数据分成等份，提高地图使用的效率，用户可根据实际需要取用对应的数据，使数据占用更少的存储空间，在缓存时消耗更少的流量。该技术专门面向自动驾驶场景，其属性可以满足 L3+ 及以上高级别自动驾驶的要求，为自动驾驶系统提供环境信息，并做出规划和决策。在使用方式上，可以选择在自有开发平台或数据交易平台上使用，也可以决定是单独使用或融合其他数据使用，不同的使用方式意味着不同的自动驾驶解决方案。

3.2.5　安全合规

规范传输和使用车载路测数据，是推广自动驾驶业务的关键环节。近年来智能汽车存在的数据风险也引起了政府监管部门的注意，2021 年 10 月，国家互联网信息办公室等五部门发布了《汽车数据安全管理若干规定（试行）》，规定中提到车载摄像头需要对敏感区域和人脸、车牌等私人信息进行特殊处理，以防止信息泄露。

为了对图片进行有关敏感区域的判定，合规脱敏平台用到了 OCR 识别技术，对图片中的文字做出识别，确定其是否含有涉密词汇字典中界定的涉密信息。同时，该平台在图像 AI 自动识别技术的帮助下进行训练，以做到对敏感地物特征的识别，通过识别地物信息来判定敏感区域。识别完成后将包含敏感地物的图片实施黑帧处理。

在处理人脸和车牌信息时，需使用相应的识别算法，在图片中框定出包含人脸和车牌的区域，对其进行像素模糊化处理。

综上，针对敏感区域和人脸、车牌信息，将借助 OCR 文本识别、AI 特征识别、人脸车牌识别等技术进行识别，而后通过黑帧和像素模糊化的手段完成图像信息的脱敏化处理，脱敏后的结果将依照用户预先设定好的格式输出。

3.3　视觉 SLAM 系统技术与应用

3.3.1　SLAM 系统结构与原理

同时定位与建图（SLAM）指的是这样一个过程：处于运动状态的物体没有固

定位置，这时它从传感器处获取信息，在信息的指引下通过计算实时获取自身的位置信息，与此同时绘制周围环境的地图，地图将发挥自主定位和导航的作用。SLAM 的主要应用对象为机器人，主要应用场景为先前未曾探索过的环境。在空间探索及自动驾驶等领域，SLAM 都能够发挥关键的作用。近些年智能汽车逐渐兴起，借着这一热门行业的风口，SLAM 得到了更多的关注，投入和开发力度有所增加。

对于自动驾驶汽车而言，各种驾驶场景下的精确定位和精确测绘都是很有必要的，由此产生了对 SLAM 技术的需求。自动驾驶的技术开发者们试图摆脱 LiDAR（光探测 - 测距）传感器这一选项，转而采用摄像头，另外他们还尝试将传感器集成到摄像头上。将机器人应用于自动驾驶，SLAM 是一个非常关键的切入点，所以 SLAM 在自动驾驶领域受到了重点关注。

视觉 SLAM 系统结构如图 3-5 所示，整个结构由五个模块组成，分别是相机传感器、前端、后端、闭环、映射。相机传感器的作用是收集与图像有关的数据；连续的两帧图像会呈现出一定的特征，前端模块的作用就是捕捉该特征，并基于对特征的分析给出有关相机初始运动的预测和估算，并进行相机的局部映射；后端模块发挥数值优化的功能，优化需从前端进行，在后端模块对相机运动的估计将继续进行；闭环模块的主要作用是借助计算获取图像相似度，该信息将用于去除掉运行过程中产生的累积误差，此模块的应用场景为尺度较大的环境；映射模块发挥重构功能，形成一个新的环境。

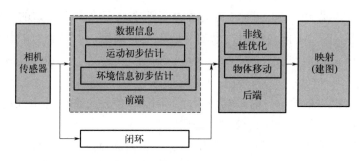

图 3-5 视觉 SLAM 系统结构

（1）相机传感器模块

相机传感器模块要用到相机传感器，比较常见的传感器类型有单目相机、双目相机、RGB-D 相机、事件相机。

① 单目相机：单目相机价格比较低廉，结构也不复杂。不过，这类相机的缺点也比较明显，在估算地标深度方面表现一般，用于制图时比例尺不够清晰。另外，该相机只有在平移状态下才能获取到像素距离信息，在静止和原地旋转状态下无法获取。

② 双目相机：相较于单目相机，双目相机在多方面具备优势，静止时双目相机可运用测量值进行计算，获取像素深度信息，另外当处于室外时其鲁棒性也更强。不过，双目相机测量像素深度的范围是有限的，具体的范围大小与基线长度和分辨率有关，在进行参数配置和标定时要经历较为繁杂的步骤。另外，双目相机采集到的是双重图像，相应地需要进行双重的信息处理，这要求 CPU 具备较高的性能和计算能力。

③ RGB-D 相机：RGB-D 相机可借助红外结构光和激光飞行时间中的任意一项获取像素深度，方法非常便捷，不像单目相机和双目相机一样需依靠计算。不过，RGB-D 相机只能在比较狭窄的范围内进行测量，因此阳光非常容易对其造成干扰，这就决定了 RGB-D 相机不适用于室外环境，对于自动驾驶而言不是一种合适的方案。

④ 事件相机：相较于其他相机，事件相机在动态范围方面优势明显，能够达到 140dB，其他相机的动态范围则普遍在 60dB 以下。另外，事件相机在功耗、时间分辨率上也有着较为出色的表现，并且不会出现运动模糊的情况。在捕捉图像的过程中，事件相机的速率是动态变化的，能够获取每个像素的亮度变动情况。所以，当处于高速和高动态环境下时，事件相机是一款非常优秀的测距工具。目前比较常见的事件相机有 3 种：动态视觉传感器、动态主动像素视觉传感器、基于异步时间的图像传感器。

（2）前端模块

SLAM 前端模块的另一个名称是视觉里程计（visual odometry，VO）。前端模块会收集彼此相邻的两帧的信息，基于该信息给出关于相机运动的估计，并预测相机的特征方向。前端模块的响应速度比较快，在此条件下要想保持姿态准确，就需借助 VO 的作用。前端模块有两类，一类基于特征点，另一类采用直接方法。

基于特征点的 VO 具备较强的稳定性，当面对光线或者处于运动状态的物体时，其敏感度比较低。在特征提取方法的作用下，VO 将变得更加稳定可靠。尺度不变特征变换（scale invariant feature transform，SIFT）算法就是一种特征提取方法，由三个步骤组成，如表 3-8 所示。

表3-8　尺度不变特征变换的实现步骤

实现步骤	具体内容
第 1 步	借助高斯差分金字塔方法完成尺度空间的创建，运用高斯微分函数找出兴趣点
第 2 步	根据各候选位置及位置的规模进行关键点的定位操作
第 3 步	每个关键点都有与之对应的指向特征，通过二者的匹配得到描述

当遇到光线照射，或是被施加旋转或缩放操作时，SIFT 能够维持原状，不过其需要的计算量较大，因此还有改进的空间。加速健壮特征（speeded up robust features，SURF）在 SIFT 的基础上进行了优化，减少计算量的同时提高了实时性，且 SIFT 算子的性能并未削弱。SURF 也远非无可挑剔，作为实时 SLAM 系统的工

具之一，其局限性仍旧比较明显。

（3）后端模块

前端模块给出关于相机姿态的估计，而后将其传递给后端模块。后端负责优化初始姿态，基于优化结果描画出适用于全过程的运动轨迹，并绘制出环境地图。后端算法有两类：基于滤波的方法和基于优化的方法。

① 基于滤波的方法。基于滤波的方法依据的是贝叶斯原理，将先前的状态作为参照，并通过观测收集当前的数据，两相结合来对当前的状态进行估计。此类方法有扩展卡尔曼滤波（extended kalman filter，EKF）、无迹卡尔曼滤波（unscented kalman filter，UKF）和粒子过滤器（particle filter，PF）多种。EKF 适用于规模较小的环境，不过它的缺点非常明显，那就是需要存储协方差矩阵，当状态量上升时，协方差矩阵会以极快的速度变大，存储需求随之大幅增加，因此在大型场景下 EKF 并不是值得优先考虑的方案。总的来说，基于滤波的方法是存在局限性的。

② 基于优化的方法。在基于非线性优化的方法中，后端优化算法会被表现为图。当时刻发生变化时，主体会呈现出不同的姿态，环境也将具备不同的特征，这些姿态和特征就构成了图中的顶点，多个顶点之间存在相互约束的关系，这种关系将通过图中的边来得到体现。图形成之后，借助基于优化的算法分析接受测量物体的姿态。优化对象是一种状态，它位于图中的顶点，在优化算法的作用下，优化对象与来自边上的约束应当呈现出更加适配的关系。将优化算法应用于测试对象，可以得到对象运动所遵循的轨迹，以及对象所处环境的地图。基于非线性优化的方法在视觉 SLAM 系统中的应用比较广泛。

（4）闭环模块

闭环模块的主要作用是消除累积误差，此效果是这样实现的：在闭环模块的作用下，系统基于传感器收集到的信息辨认当前时刻所处的场景，当经过先前访问过的区域时，就可以做出相应的判断。Bag-of-Words（BoW）模型可用于视觉 SLAM 系统的环路监测，具体步骤如表 3-9 所示。

表3-9 BoW模型的实现步骤

实现步骤	具体内容
第 1 步	提取图像局部特征，对其使用 K-means 聚类算法，将特征编为单词列表，单词数量为 K
第 2 步	查看列表中各单词的出现频率，以 K 维数值向量作为图像的呈现形式
第 3 步	将周围环境与识别现场相比较，确认车辆当前是否处于现场

（5）建图模块

自动驾驶汽车具备创建环境地图以及地图定位的功能，这两项功能由视觉 SLAM 系统的建图模块来实现。建图功能可以提供自动驾驶的车辆导航，帮助车辆避开行驶中遇到的障碍。

地图有度量地图和拓扑地图两类，前者提供地图各组成部分相对于其他部分的位置信息,后者则侧重于描绘地图各部分之间存在的连接关系。根据信息容量,度量地图又分为稀疏地图和密集地图两类,前者的场景信息较少,多用于定位,后者的场景信息较多,多用于导航。

3.3.2 视觉 SLAM 分类与流程

(1)激光 SLAM

目前激光 SLAM 已经具备了比较高的成熟度,涉及的内容非常多样,有传感器数据处理、前端配准方法、后端优化、已知定位建图、多传感器融合等。

光探测与测距方法也可称为激光雷达方法,对应的传感器为激光传感器,另外距离传感器也是可用的选项。激光传感器的优点在于其精确性,对于移动速度较快且具备运载功能的设备而言是比较理想的传感器方案,比如自动驾驶汽车和无人机。在输出数值时,激光传感器采用的形式以二维点云数据和三维点云数据为主。

激光传感器点云可实现精准测距,能够在 SLAM 建图中发挥重要作用。

借助点云匹配给出关于移动的估计,这里的估计可以是连续性的。而后,通过计算获取车辆的移动距离,借助该数据实现车辆的定位。点云匹配运用的算法为配准算法,如迭代最近点(iterative closest point,ICP)和正态分布变换(normal distributions transform,NDT)。通常情况下,点云地图的呈现形式有两种:栅格地图或体素地图。

不过,与图像相比,点云在精细度方面显得逊色,与此相关其在匹配时有可能会出现特征不足的情况。举例来说,如果一个场景中没有很多障碍物,那么在该场景下点云匹配很可能无法正常发挥作用,造成车辆跟踪失败。另外,点云匹配对于处理能力有着较高的要求,要想加快匹配速度,流程优化是必不可少的步骤。

可见,目前的点云匹配还面临一些问题,因此在进行自动驾驶汽车定位时需运用其他设备或方式获取更多测量结果,如轮式测距、全球导航卫星系统(global navigation satellite system,GNSS)、惯性测量单元(inertial measurement unit,IMU)等。

激光 SLAM 分为二维激光雷达点云 SLAM 和三维激光雷达点云 SLAM,两者各有其适用的对象。前者适用于仓储机器人,后者的应用对象为无人机及自动驾驶。

(2)视觉 SLAM

多种类型的相机都可用于视觉 SLAM,包括普通相机、复眼相机、RGB-D 相机,相机的价格也不必太高昂。视觉 SLAM 相机的作用是收集信息和检测路标,在检测路标时,可以运用基于图的优化方法,由此可形成一种灵活性更强的 SLAM 方案。

有的视觉 SLAM 只有一个相机作为传感器,被称作单目 SLAM。这类视觉 SLAM 在定义深度时会遇到问题,解决方案如下:查看并检测图像中包含的已知目标,或是在相机信息之外利用传感器获取到的信息,比如 IMU 的速度和方向信息,将多方信息整合起来。

视觉 SLAM 算法有稀疏方法和稠密方法两类。稀疏方法包括 PTAM、ORB-SLAM 等算法，稠密方法包括 DTAM、LSD-SLAM、DSO、SVO 等算法，在具体的运作上，前者涉及图像特征点匹配，后者会用到图像总体亮度。

视觉 SLAM 流程如图 3-6 所示。

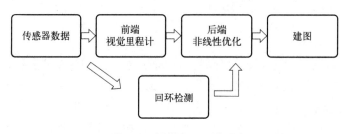

图 3-6　视觉 SLAM 流程

① 传感器数据：读取相机图像，并对其进行预处理。

② 前端视觉里程计：观测处于相邻位置的图像，给出关于相机运动的估算，并描绘出局部地图。

③ 后端非线性优化：优化视觉里程计提供的相机位姿信息，以及回环检测信息，获取到适用于全过程的运动轨迹，同时制作出地图。

④ 回环检测：确认车辆是否存在回环，即多次经过某个位置，当存在回环时将相应的信息送到后端处理。

⑤ 建图：基于预估的轨迹完成建图。

（3）SLAM 算法实现四要素

SLAM 算法的实现主要包括 4 个要素，如表 3-10 所示。

表3-10　SLAM算法实现四要素

实现要素	具体内容
地图表示	常用的表示方式有稠密（dense）、稀疏（sparse）等，表示方式要与场景相适配
信息感知	涉及全面感知环境的问题，在信息感知中视场角（field of view, FOV）是一个较为重要的指标，激光雷达拥有较大的 FOV
数据关联	各传感器在数据类型、时间戳方面会有所差别，此外它们在表示坐标系时采用的方法也各不一致，因此对数据进行统一处理是必要的步骤
定位与构图	给出关于位姿的估计，并完成建模，这个过程中需解决一系列数学问题

3.3.3　激光 SLAM 的主流算法

（1）Cartographer

开发者为谷歌，需要用到激光雷达和 RGB-D 数据，支持多个平台，传感器配置可选用激光雷达、里程计、GPS、IMU 等。Cartographer 的应用范围包括机器人导航、自动驾驶等，系统架构如图 3-7 所示。

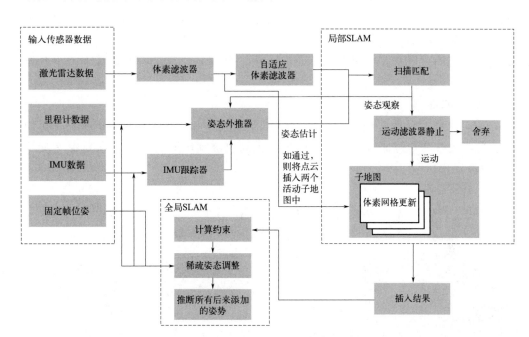

图 3-7　Cartographer 系统架构

在前端，Cartographer 创建占用栅格地图（occupancy grid map，OGM）；激光雷达的扫描帧包含多个位姿，Cartographer 从其中选出最佳位姿。以上两个步骤完成后，Cartographer 把扫描帧添加至子地图，来对地图起到局部优化的效果，而后记录下当前时刻的位姿。

在后端，Cartographer 通过观测得出不同扫描帧之间存在的位姿关系，据此实现地图的全局优化，可借助分支定界法更快地得出结果，以全局地图为参照系，获取闭环扫描帧的最佳位姿。

（2）Karto

该算法借助位姿图进行优化，需用到 Cholesky 分解，该方法经过了充分的优化，且具有非迭代性质，借此可解除系统的耦合状态，并求得结果。在室内场景下，Karto 是一种比较好的方案，无论障碍物处于运动状态还是静止状态，它都可以进行处理。Karto 系统架构如图 3-8 所示。

图 3-8　Karto 系统架构

在地图表示上，Karto 选用的是包含节点和边的图论标准形式，地图上的节点对应的是运行轨迹的位姿，在每个位姿传感器都会发送感知信息，感知信息与节点同样是相对应的。边则表示彼此相邻的位姿间的位移矢量。节点和边会对新位姿定位造成约束，在定位时要遵守这种约束，确保定位过程中的估计误差不会发生变化。

（3）LIO-SAM

LIO-SAM 属于激光惯性导航系统，要用到 IMU 和激光雷达提供的数据，可应用于机器人。其定位比较精准，能够根据运动轨迹制作地图。LIO-SAM 系统架构如图 3-9 所示。

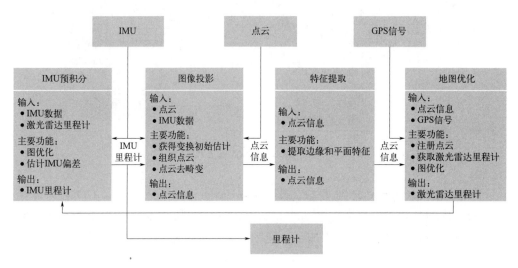

图 3-9　LIO-SAM 系统架构

LIO-SAM 的前端会用到卡尔曼滤波和因子图优化算法，实现更加精准的定位，制作出精确度更高的地图，后端也可借助优化算法达到相同的效果。

（4）LOAM 系列

LOAM 系列要用到激光雷达，该系列中有 LOAM、LOAM-Velodyne、LOAM-LiDAR 等多种算法。

LOAM 采用的激光雷达为 3D 激光雷达，基于其提供的数据创建地图，完成定位操作，在给出关于位姿的估计时要用到点云数据特征。LOAM 系统架构如图 3-10 所示。

LOAM-Velodyne 采用 Velodyne 激光雷达，借助其提供的 3D 点云数据，可提升地图和定位精度。

LOAM-LiDAR 选用的是 LiDAR 传感器，能够得到对象的三维坐标，适用于机器人。

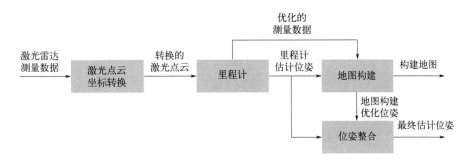

图 3-10 LOAM 系统架构

(5) ORB-SLAM3

该算法基于特征点,可采用单目相机、双目相机、RGB-D 相机等。ORB-SLAM3 能够更为高效准确地完成特征的提取,在关键帧选取上表现出色,可以很好地起到维护地图的作用,位姿的优化效果也值得肯定。另外,ORB-SLAM3 可将短期数据、中期数据和长期数据关联到一起,提升系统的精确性和鲁棒性。ORB-SLAM3 系统架构如图 3-11 所示。

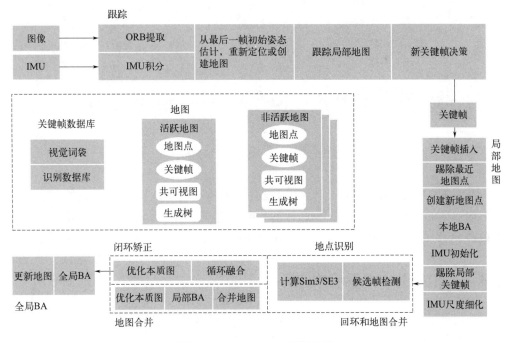

图 3-11 ORB-SLAM3 系统架构

图像各帧之间存在特征点,每个特征点都有相应的数据。在 ORB 特征的基础上,前端视觉里程计将特征点数据关联到一起,另外数据关联还发生在特征点数据与地图点数据之间,并且这个过程会涉及从 3D 到 2D 的转换。数据关联有助于提升系统的稳健性，实现更加高效的特征提取。另外，借助 ORB 特征还可进行回环检测和重定位。

（6）VINS-Fusion

该算法要用到视觉惯性传感器，借此获取视觉信息和惯性信息，并将两者结合在一起。在这两项信息的帮助下，处于陌生环境中的机器人能够实现更加精确的定位，获得更加精准的导航。VINS-Fusion 系统架构如图 3-12 所示。

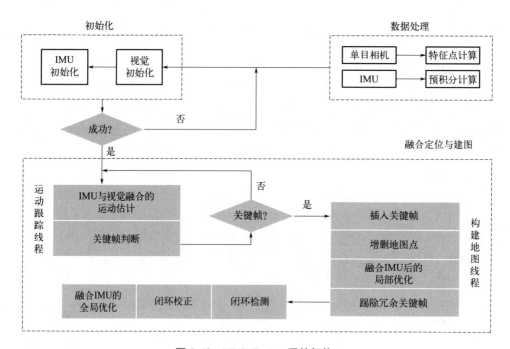

图 3-12　VINS-Fusion 系统架构

在 VINS-Fusion 的前端与后端之间设有状态传递机制，其作用是完成前端数据和后端数据的交换。前端基于 IMU 数据和图像数据得到多个状态量，后端负责将状态量融合到一起并实施优化，而后再返回给前端，从而给出最新的运动估计结果。

3.3.4　视觉 SLAM 系统的应用

视觉传感器便于携带，价格也并不昂贵，算法模块可以从其处获取到充足的信息，这些优势使得视觉传感器多用于机器人和自动驾驶。视觉传感器是 SLAM 算法的必备要件，SLAM 算法在视觉定位系统中发挥关键作用，受到业界广泛关注。

在自动驾驶过程中，当地图的参考价值存疑，同时 GPS 的稳定性出现问题时，视觉 SLAM 可以给出较为准确的位姿估计，同时提供环境信息。在各种类型的传感器中，相机所需要的成本并不高，这是视觉 SLAM 的一项优势。

不过，视觉 SLAM 系统的鲁棒性是其需要改进的地方。在通过视觉估计位姿时，需要捕捉存在于图像中的显著视觉特征，所以经常会出现过曝、弱纹理、运动模糊等各种问题。在提升鲁棒性方面，多传感融合、相机参数控制都是可行的方法。

现在很多自动驾驶系统都装有多个相机，构成环视视觉系统，借助这一系统，SLAM 系统能够获得更强的性能。环视视觉系统可提供 360°的全方位视角，借助多相机的作用，视觉 SLAM 系统在位姿估计时的鲁棒性将得到加强。

在将多相机 SLAM 系统用于自动驾驶时，要注意车辆本身的特性。比如，自动驾驶汽车并不能够做到完全地自由运动，此外在很多时候车辆速度较为稳定，没有明显变化，在进行参数在线标定时要充分考虑到以上特性的影响，特别是在 SLAM 系统用到 IMU 时。同时，车辆的有些特性可用于降低状态估计的难度，举例来说，相机会按照一定的模式变换外部参数，可借助离线实验确认模式，将其用作在线外参标定的约束，使标定变得更加高效和精准；再比如可利用车道线的结构性为在线标定提供线索。

自动驾驶汽车的感知系统也采用多相机系统，将多种语义信息与视觉特征结合在一起，使多相机 SLAM 的输入信息变得更加丰富。举例来说，车道线就是一种语义信息，当处于地下车库场景时可借助该信息绘制环境地图并完成定位，由此自动泊车将获得指引。分割结果也属于语义信息，在 BEV 视角下可借助环视相机得到，其作用是估计相邻帧的位姿，也可用于回环检测。

在多相机的作用下，视觉 SLAM 系统的精度和鲁棒性将有显著提升。在自动驾驶领域，环视相机系统对于视觉 SLAM 系统而言是一种理想的传感器方案，其提供的视觉信息能够覆盖各个方位。不过，在多相机 SLAM 系统的构建上，还存在一些尚待处理的问题，这些问题有些是理论上的，有些是工程上的，包括精度提升、平衡计算量、外参自标定等。将多相机系统用于自动驾驶感知系统可获取到语义信息，信息向 SLAM 系统的输入将通过神经网络来完成，此处存在语义信息同非线性优化滤波的结合问题，此问题有待进一步讨论。

第 4 章
决策控制技术

4.1 自动驾驶行为决策模型及算法

4.1.1 有限状态机模型

基于有限状态机的行为决策模型主要应用于校园、工业园、港口等封闭交通场景中，此时自动驾驶车辆针对不同的交通场景展现出较强的适应性，这是因为在模型的控制下，系统能够按照预设的行为模式对车辆进行控制，使车辆做出与当前环境条件相匹配的驾驶行为。这种预设规则的设计原理为：在建模过程中将典型的交通场景抽象为不同的离散事件，每种事件都有不同的行为动作与之对应。此类模型与传统离散模型存在较大不同，因此被称为有限状态机模型。

（1）有限状态机原理

有限状态机（finite-state machine，FSM）的创建目的是使某一对象能够通过不同状态的切换实现对相应触发条件的响应，通常情况下此类数学模型在机器人系统、网络通信等方面应用较多，其包括如表 4-1 所示的基本组成元素。

表4-1 有限状态机的元素构成

元素构成	具体内容
状态（state）	是指对象的一种能量与行为呈现形式，同一个对象往往有多种状态组成有限的状态集，对象状态将永远与有限状态集中的某个状态重合。在模型中，状态表示在不同环境条件下车辆的状态，如处于行驶状态
事件（event）	是指触发状态机进行状态切换的条件，当某个事件被满足时状态机即会自动按照预设规则采取相应行动跳转至另一状态。事件描述的是本车状态及外界环境条件，作为数据被状态机读取
转换（transition）	表示不同状态之间的变更路径。在模型中，转换表示依据一定先验经验，车辆系统中事先被定义的各类状态在被事件触发后的切换路径
动作（action）	是在某一事件的触发下随之做出的动作，但当有事件触发时并不是必然要进行动作响应，也可以略过动作直接进行状态的切换。在模型中，动作表示车辆的驾驶行为，如倒车、转弯等行为，因此在有限状态机中动作也是以集合形式存在的，即动作集

（2）建立行为决策模型

行为决策系统设计准则应重点关注以下两点：

① 合理性：自主决策的合理性一是要确保决策符合交通法规要求，二是要有驾驶经验的支撑。一般需要遵守的交通法规包括靠右行车；在不同路段行驶时遵守交通标志上的限速要求；根据交通信号灯的指示改变车辆的行驶状态等。驾驶经验则包括：避免行驶过程中频繁变道；与前车保持安全距离；行车时应等候就近的行人先通过道路；当遭遇车辆挡道或前车驾驶速度过慢时应选取时机快速超车等。

② 实时性：面对复杂多变的道路环境，对于环境的响应速度决定了车辆驾驶

的安全性，这要求自动驾驶车辆行为计算具有极高的效率，能够实现即时响应，及时根据环境变化采取相应的驾驶行动。

以合理性和实时性为自动驾驶车辆决策设计准则，可以得出如图 4-1 所示的有限状态机决策模型。

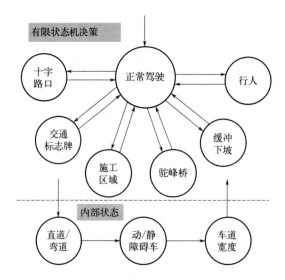

图 4-1 有限状态机行为决策模型

在正常驾驶状态下，车辆道路识别与检测系统以及各类传感器对环境信息（行人、车辆、道路交通标志等路面信息，以及弯道、坡道等地形信息）进行收集，而差分全球定位系统（differential global position system，DGPS）和惯性导航系统则即时获取车辆的全局坐标位置、行驶方向、速度以及加速度等信息，随后这些信息作为事件被输入模型，随后模型进行计算决策并进行状态切换，同时输出相应的驾驶行为（跟车行驶、变道、制动、自由行驶）、变速指令等进行响应。

以下是对状态及状态转移规则的介绍：

① 正常驾驶：在无任何特殊事件输入下系统的默认状态，该状态下车辆遵循全局规划路线按照预设的速度、航向进行行驶，每次结束其他状态后，车辆将自动跳转至该状态。该状态由三种子状态构成，分别是自动驾驶状态、手动驾驶状态和紧急制动状态，随着事件输入的改变，这三种状态之间能够互相切换，如图 4-2 所示。

② 十字路口/红绿灯：当交通信号灯信息被环境感知层识别后系统将切换至此状态，此时车辆将逐渐减速停至人行道前，直到确保当前环境满足行驶条件后继续行驶。当车辆驶离十字路口或信号灯后此状态结束。

③ 交通标志牌：当环境感知层识别到"急弯""学校"等道路标志信息时切换至该状态，同时提取标志牌中的信息，按照要求执行减速等指令，当驶离标志牌 100m 后此状态结束。

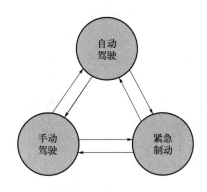

图 4-2　正常驾驶内部状态

④ 施工区域：当施工区域被环境感知层识别并作为事件输入时，车辆会以保证行驶安全为原则计算出最佳行驶速度，同时确定目标点，直到驶入正常道路区域后退出此状态。

⑤ 驼峰桥/缓冲下坡：当道路高度信息被雷达数据融合识别后作为事件进行输入，随后系统迅速响应，控制好车辆速度与航向，避免变道，直到驶入正常道路区域后跳转至正常行驶模式。

⑥ 行人：如果环境感知层识别到前方有行人或宠物，则系统对此事件迅速做出反应，并在识别到行人离开后结束该状态。

当某个特定状态被事件触发后，从进入该状态到状态结束，车辆会处于内部状态循环中。内部状态包括运用识别技术判断航向道路类型（弯道还是直道），并以之为依据进行速度预设。完成速度设定后对车道内路况进行监测，检验是否存在静止或移动的车辆阻碍本车行进。若障碍车处于静止状态，则视情况进行避让或将车辆减速停车。若障碍车处于移动状态，则对比本车目标车速与障碍车辆的车速选择采取何种行为：若本车目标车速较慢，则选择跟车行驶，反之则可直接超车。最后对车道条件进行响应，若车道宽度不具备支持车辆以当前状态安全行驶的条件，则需要灵活地采取并道或避让行为保证驾驶安全。

感知信息通过场景识别完成事件输入后系统相应地进行状态切换，在此期间需要对决策的实施条件进行评估，例如决策为变道行为，在行为指令下达之前首先要对车道环境进行分析，判断车辆后方有无来车、来车与本车的相对速度、目标车道车辆行驶情况等，确保无安全风险后再执行变道行为。

4.1.2　深度学习模型

随着新应用场景的出现和技术的迭代升级，对于自动驾驶车辆的应用需求不断增加。自动驾驶车辆相较于传统汽车的优势之一在于其自主决策功能，而这离不开深度学习技术的支撑。作为一种人工智能算法，该技术能够帮助车辆自动进行场景识别，在复杂的道路环境中提供最佳的车辆行动方案。接下来本节将重点介绍深度学习算法在自动驾驶车辆决策算法中的应用。

深度学习的框架搭建脱胎于人工神经网络，相较于以往的线性或树状结构，这一算法采取节点之间关联方式更多的网状结构，拥有更强的信息处理能力，因此具有自主学习、自我迭代和知识涌现的能力。一般此类模型的构成部分包括负责数据接入的接收层、负责数据处理的隐含层和进行结果输出的输出层。当前，该技术已广泛应用在图像语音识别、推荐算法等多个领域。

（1）基于深度学习的车辆行为决策技术

自主决策是自动驾驶车辆自动化、智能化的体现之一，决策算法在其中发挥着关键性作用。从运行逻辑来看，决策算法通过对环境数据的采集、处理与分析实现对行车环境的判断和对行车条件的评估，最终输出最优的车辆行动方案，从而保证车辆驾驶的安全高效。

基于深度学习的自动驾驶车辆行为决策技术是当前热度较高的车辆自主决策解决方案，其优势在于通过具有海量信息处理能力的神经网络，该模型能够将驾驶员经验以及驾驶场景信息沉淀为驾驶知识，并进行融合运用，随着场景数据与驾驶员行为数据输入量的增加不断进行自我迭代，最终帮助自动驾驶车辆实现对不同行车场景的自动感知、决策和响应。

基于深度学习的自动驾驶车辆行为决策技术建立在深度神经网络的基础之上。深度神经网络是一种采用前向传播算法的模型，由多个神经层构成，信号在网络内部单向传递，在非线性函数的作用下实现信息由高维特征空间向低维特征空间的映射，最终实现智能学习。

其中，卷积神经网络（CNN）是自动驾驶车辆行为决策领域的主流算法，该算法能够在车辆行驶过程中对所采集到的环境、路况数据进行分析，对行人、车辆等物体进行特征提取分析，做出场景判断。此外，循环神经网络（RNN）和长短时记忆网络（LSTM）也在自动驾驶车辆行为识别以及最优路径选择方面获得了较多应用。

（2）基于深度学习的车辆行为决策模型

当前，基于深度学习的自动驾驶车辆行为决策模型的算法主要包括以下三种。

① Deep Q-Network。Deep Q-Network（深度Q网络，DQN）是一种以神经网络为基础的深度学习算法。此算法通过引入神经网络算法解决强化学习中无法进行多个动态Q函数储值的问题，从而实现了连续状态空间的建模，能够在面对复杂的决策问题时通过对Q函数的学习和优化实现精准决策。这也是Deep Q-Network成为应用最多的基于深度学习的自动驾驶车辆行为决策模型的原因。

② Policy Gradient。Policy Gradient（策略梯度）是一种典型的深度学习算法。该算法以梯度下降为基础，直接进行状态输入，最终实现目标函数的性能指标最大化。策略梯度的优势在于能够直接通过状态的输入获得最优的策略，价值函数在此

过程中所受的限制更小。此外，策略梯度的逻辑过程较为清晰，运算与生成模式较为简单，可以很好地被解释。

③ Actor-Critic。Actor-Critic 是一种建立在策略梯度和动作价值函数基础上的算法，其本质是通过策略指令（actor）和反馈（critic）来实现学习。Actor-Critic 的优点在于其融合了价值方法与梯度学习方法的优势，既能够快速地进行计算和策略优化，同时又保证了计算过程的直接性和可解释，对于环境的适应度更高。此外，Actor-Critic 算法的运行平稳可靠，这也是其被大量应用于各领域的原因之一。

（3）深度学习在自动驾驶车辆中的应用

深度学习在自动驾驶车辆中的应用主要体现在如图 4-3 所示的几个方面。

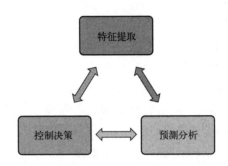

图 4-3　深度学习在自动驾驶车辆中的应用

① 特征提取。在自动驾驶车辆中，外界环境信息通过车辆传感器的数据采集功能完成输入，包括视频图像、激光扫描数据以及雷达信息等。随后这些数据经过一定的预处理被传输至处理层接受深度学习算法的特征提取，以便输出能够被决策层利用的数据。

首先，深度学习能够通过识别分析影像资料中的物体、空间布局、颜色、纹理等，对影像资料中的信息进行归类，从而进行场景判断；其次，深度学习能够对雷达信息和激光扫描数据进行深度分析，提取其中的有价值特征，如时间、空间坐标等，并将这些有价值特征实时同步给决策层，加强决策生成速度，保证决策正确性。

② 预测分析。深度学习算法可以通过预测分析模型提前预知行车过程中可能出现的情况，如信号灯的变化、即将与其他车辆会车等。预测分析模型能够为车辆决策争取更多的时间，有效提升决策系统对道路环境的灵敏度，从而保证车辆能够安全、高效地行驶。

③ 控制决策。深度学习算法能够自主适应不同的环境，结合场景要求做出与之匹配度最高的决策，并执行决策对车辆进行控制。具体来说，在完成对道路环境的识别判断后，深度学习算法能够计算出该环境下适配的行车轨迹、航向、加速度等数值，并按照制定出的行车控制策略对车辆行车状态进行干预。

基于深度学习的自动驾驶车辆行为决策模型以其优秀的响应速度、灵活的场景适应能力以及可靠稳定的高容错机制在自动驾驶汽车中的应用范围不断扩大,随着技术的不断进步,未来其将在更多的领域内大放异彩。

4.1.3 决策树模型

决策树是不断通过条件将决策固定下来的树结构,其作用主要是归类和决策细化。具体而言,决策树算法是"if-then"的树形干支结构,在做出顺序规定后,将不同特征属性的样本进行排列,从而按照"if-then"逻辑对满足不同条件的样本进行分类,最终实现样本的细化与固定。

顺序规定即决策树按照何种逻辑进行属性选择,以二叉决策树为例,节点与边共同在结构中呈现出某个样本是否具有某种属性,其中节点为属性分类本身,边代表是或否,通过节点与边的识别检验将样本的分类进行固定。

决策树学习的核心是划分属性的选择,其流程可以进行如下表述:首先将训练样本中贡献度较高,能够反映共性特征的属性作为根节点;随后依据根节点所代表的属性取值确定根节点下的扩展分支;然后将已成为节点的属性从候选属性集中筛除;接着对属性集中的样本进行新一轮的贡献度计算,循环该过程,直到决策度的节点容量或整体深度达到上限;最终得到一棵具有较强训练样本分布拟合能力的决策树模型。

常见的决策树算法主要包括三种类型,如图4-4所示。

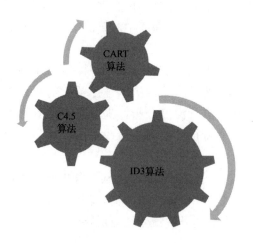

图 4-4　常见的决策树算法

(1) ID3 算法

ID3 (iterative dichotomiser 3) 用于数据集中的决策树生成,其提出者为澳大利亚计算机学家罗斯·昆兰 (J. Ross Quinlan),该算法的逻辑是以信息增益能力作为模型中分支属性选择的依据。

首先对所有样本候选属性进行计算，筛选出信息增益指数最高的属性；随后按照信息增益能力的大小进行根节点的确定，以根节点代表属性的取值作为分支确定依据；然后剔除候选集内的已选属性，重复信息增益计算、节点确定、分支确定的过程中，直至决策树包含了所有候选属性。

通过不断依据信息增益优先原则进行节点添加和分支选择的循环，最终实现所有候选属性按照信息增益值大小自上而下排列入树，构建出分类决策树。

（2）C4.5 算法

C4.5 算法是 ID3 算法的扩展与升级，其将原本的信息增益指标替换为更精准的信息增益率，以之作为节点确定的关注指标，同时满足了离散属性和连续属性测试要求，同时还对决策树进行了必要的精简化。信息增益率即为各属性信息增益在属性总值内的占比，因此当属性取值总数越少时，信息增益率的数值也就越高，因此在此种原则下，C4.5 算法的节点选择更偏向于那些取值更少的属性。

所以，C4.5 算法运用了新的原则实现了对 ID3 算法的优化：首先，对各个属性的信息增益率进行计算，求出平均值；随后将平均值作为对照参数对所有属性的信息增益率进行分类，分别归入"信息增益率＞平均信息增益率"和"信息增益率＜平均信息增益率"的集合；最后，选取"信息增益率＜平均信息增益率"集合内的数值最大的属性作为根节点。

（3）CART 算法

分类与决策树（classification and regression tree，CART）算法是在获取随机变量 X 的前提下，计算随机变量 Y 的条件概率分布的学习方法。CART 假设决策树是一种二叉树状结构，内部分支有着固定的左右意义指向，左分支为"是"，右分支为"否"，通过左右分支实现对内部节点特征的取值和归类。该类决策树能够实现对每个特征的递归二分，将特征空间划分为有限的单元，从而借助这些进行预测概率分布的确定。

CART 算法的运行需要经历决策树生成和决策树剪枝两个步骤：

① 决策树生成：以训练数据集为基础进行决策树生成，尽可能生成深度较大的决策树；随后按照从顶层向下发散的方式建立节点，选取最优属性作为分支处的子节点，确保子节点处的训练数据集保持高纯度。

② 决策树剪枝：用验证数据集对已生成的决策树进行优化，保留属性最好的子枝丫，此时将提升模型整体的泛化性作为剪枝的标准，保证剪枝完成后的拟合度，此时可以使用代价复杂度剪枝 CCP（cost-complexity pruning）。

4.1.4 贝叶斯网络模型

随着人工智能技术的纵深化发展，智能车辆已成为未来智慧交通构建场景要求下的关键车辆解决方案。自主决策能力是智能车辆与传统车辆的本质差别,而自主决策能力的实现离不开先进数据分析和预测技术的支撑。贝叶斯网络就是一种应用较多的统计模型,主要用于行车过程中的预测和推理。

(1)贝叶斯网络概述

作为一种统计模型,贝叶斯网络能够进行概念表示和推理,通过将不同的变量抽象为参数,并对其关系进行建模,能够得到针对变量的预测推理模型。贝叶斯定理是其逻辑支撑,即随着已知变量的变化,借助变量之间的模型关系推导出关联事件的概率变化并进行刷新。举例而言,假设有两个事件 X 和 Y,且 X、Y 之间的关系也是已知的,那么 X 事件已经发生的前提下,则可以通过以下公式对 Y 事件发生的概率进行计算:

$$P(Y|X) = P(X|Y)P(Y)/P(X)$$

式中,$P(Y|X)$ 和 $P(X|Y)$ 分别表示事件 X 和事件 Y 发生的前提下,Y 事件和 X 事件发生的概率;而 $P(Y)$ 和 $P(X)$ 则分别代表 Y 事件和 X 事件发生的先验概率,即根据以往经验 Y 或 X 事件发生的概率。

以上述公式为基础,则可以实现在某些已知事件已经发生的前提下计算未知事件的概率,以此预测未来。贝叶斯网络则是在此原理的指导下使用概率分布函数对不同变量之间的关系进行表示,从而通过数据计算实现精准预测。

(2)贝叶斯网络在智能车辆中的应用

① 驾驶行为识别。精准的驾驶行为识别是保证智能车辆运行安全的关键,其本质是通过对驾驶员行为数据的分析识别出当下行为中的行动信号,从而推测出驾驶员的未来行为,并采取相应的车辆控制行动予以配合。具体而言,模型将采集到的车辆加速度、制动力、转向角度等作为参数进行输入,根据驾驶员行为模型输出的结果预测未来驾驶情况,并以之为依据迅速决策,按照安全、规范驾驶的原则对车辆进行控制,以保证即使驾驶员状态不佳或出现操作失误,车辆也能够及时反应,规避风险。

② 智能交通管理。贝叶斯网络在智能交通管理中也发挥着重要作用。一是在道路秩序管理方面,贝叶斯网络能够通过对人流、车流数据的分析预测道路高峰,及时通过信号灯调节等手段实现错峰分流,避免拥堵;二是在路面维护方面,贝叶斯网络能够通过在道路模型内输入路面的温度、湿度等信息预测道路的使用年限,及时发现道路养护需求,提供最优的道路维护方案,降低施工成本,保证道路的正常使用;三是在道路基础设施管理方面,贝叶斯网络能够通过环境亮度、历史道路通行数据等数据管理路灯等道路基础设施的开关和亮度调节,智能调整路灯角度,提供高质量的基础服务,实现道路设施节能化使用。

③ 自动驾驶。自动驾驶是智能车辆的核心功能之一,贝叶斯网络在其中起着关键作用,主要体现在贝叶斯网络能够对自动驾驶过程中所采集的大量环境信息进

行融合，从而对车辆所处环境进行建模，借助这一模型，车辆能够更好地适应当前场景，提前知道周围路况变化以及人车行动轨迹，从而进行合理的车辆行为控制。此外，自动驾驶还能够通过贝叶斯模型实现对自身车辆状态的预测，从而根据车速、加速度、剩余里程等预测信息调整行车策略。

（3）贝叶斯网络应用的优缺点

① 贝叶斯网络应用的优点如表4-2所示。

表4-2　贝叶斯网络应用的优点

优点	具体内容
强大的概率推理能力	通过已有数据精准高效地推测出关联事件的概率，从而实现时间预测，为决策提供依据
可解释性好	能够使用概率分布函数对不同变量间的关系进行表示，从而清晰地展现出不同变量之间的影响路径
数据适应性强	贝叶斯网络的节点变量支持任何要素、指标的推理，即使面对不完全、不精确的信息也能进行推理，具有良好的环境适应性

② 贝叶斯网络应用的缺点如表4-3所示。

表4-3　贝叶斯网络应用的缺点

缺点	具体内容
计算复杂度高	贝叶斯网络运行涉及多种参数的分析和计算，其间要经过多重因果关系和相关关系的推理，因此计算成本较高
结构复杂性高	贝叶斯网络在计算过程中需要面对大量高信息熵的信息，因此结构设计中有大量的节点和分支，需要多次测试和不断地迭代升级
样本不足问题	贝叶斯网络需要大量的样本以保证计算结果的可靠性，否则预测结果可能存在较大误差

作为一种在概率推理和数据分析方面有着良好表现的算法工具，贝叶斯网络在智能车辆中的应用程度正不断加深。通过已有的环境、车辆以及驾驶员行为数据，它能建立不同的场景模型并展开相关事件预测，从而保证了车辆的灵敏性和安全性。但与此同时也应注意，贝叶斯网络也存在一些不足，需要通过技术的升级与应用经验的积累来完善。

4.2　智能车辆路径控制的系统设计

4.2.1　智能车辆的控制架构设计

无人驾驶汽车是未来汽车发展的一个重要方向，也是构建智慧交通体系的关键车辆解决方案。相较于传统汽车，无人驾驶汽车能够自动适应各种行车场景，满足高动态性、高连续性、高复杂性道路环境下实时性、精准性、安全性的车辆自动控制要求，这主要是因为车联网、V2X等现代移动通信与网络技术在无人驾驶车辆中的应用使车辆具备了与其他车辆、与道路环境设施进行自主交互的能力，同时车载传感器、控制器、数据处理器以及执行机构等先进装置赋予了车辆配合驾驶需要与环境变化及时完成各项控制指令的能力。

无人驾驶系统的底层逻辑：获取环境信息—对环境信息进行识别并以之为依据进行决策—执行决策指令完成相应动作。而环境感知层、车载中心控制系统的参与是整个过程顺利实现的关键。

无人驾驶是汽车智能化的最终目的，也是网络技术、信息通信技术与汽车技术融合的最高境界，其本质上是人车交互的便捷化、高效化发展，改变了车辆工具使用过程中人与车辆操作的绑定关系，在提高行车安全性、提升整体运输能力、优化车辆使用体验等方面都有着重要意义。

无人驾驶的关键技术是环境感知技术和车辆控制技术。其中环境感知技术决定了无人驾驶汽车是否能够与周围环境形成交互，更好地获取环境信息；车辆控制技术则决定着车辆能否正确地执行车辆决策，具体来说，车辆控制包括轨迹规划和控制执行两部分。

从流程上看，无人驾驶包括三个环节，如表4-4所示。

表4-4 无人驾驶的三个环节

无人驾驶环节	具体内容
外界环境感知	车辆通过传感系统（雷达、相机）和通信系统（车联网）等捕捉外部环境信息
信息处理与决策	智能算法车辆对所提取的外部环境信息进行分析学习，寻找最佳行车轨迹，模拟驾驶员行为和决策
车辆控制	车辆执行对上一环节所做出的决策，对车辆进行加速、制动、航向变更等控制，改变车辆的速度、坐标和行车路线，确保车辆在符合交通法规和安全原则的前提下按照既定规划路线行驶

上述环节配合下所完成的无人驾驶流程能够实现无驾驶员条件下车辆的拟人化决策与控制，且安全系数更高，这也是无人驾驶控制技术研究的意义所在。自动驾驶运行流程如图4-5所示。

因此，无人驾驶系统通过图表达语言将驾驶认知具体化、规范化，形成一套与不同类型智能汽车系统兼容的无人驾驶软件架构。在此架构中，传感信息并非单一地与智能决策模块深度绑定，而是融合后与车辆通信信息、导航信息汇集后形成综合信息集被决策模块利用。自动驾驶汽车软件架构如图4-6所示。

平台软件运行流程如下：

① 多个传感器信息经由驾驶认知中的图表达语言进行融合处理，对驾驶环境和驾驶态势进行实时呈现；

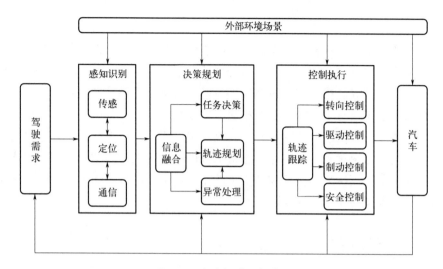

图 4-5 自动驾驶运行流程

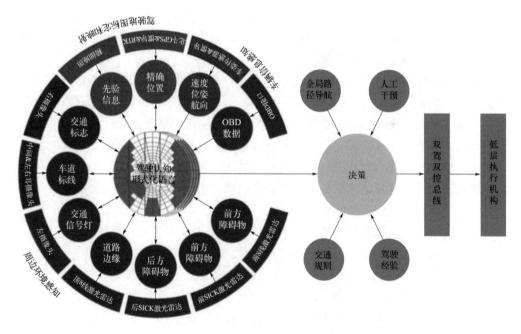

图 4-6 自动驾驶汽车软件架构

② 车辆导航信息将车辆的坐标、航向等信息添加到驾驶态势信息中,对驾驶态势模型进行完善;

③ 车辆借助 V2X 系统实现车辆之间、车辆与道路基础设施之间的通信,获取车流交会情况、道路拥堵情况、交通信号灯指示情况等道路信息,并接收来自外部云服务器的传感设备感应距离内的路段信息,获得更大范围内的道路情况;

④ 决策控制模块根据车辆行驶态势综合多种信息计算车辆行驶和控制的最

优方案。

融合了环境信息与车辆驾驶状态的车辆态势模型，除了辅助进行车辆决策，还能反向服务于传感信息处理、驾驶导航等模块，能够帮助传感信息处理模块高效建立信息选区、提升导航模块的定位精确性以及及时提示驾驶地图进行信息更新，从而使整个驾驶系统具有更强的灵敏性和功能集成性。

此外，智能汽车的软件架构进一步提高了整个无人驾驶系统对不同车辆类型的兼容性，通过解除决策控制与传感器感知信息的绑定关系，传感器的增减、集成方式的改变等将不会直接导致决策控制结果的不同，大大降低了无人驾驶系统在不同车辆和试验平台间切换安装的成本。

4.2.2 智能车辆控制的核心技术

无人驾驶汽车的车辆控制技术在通过感知系统和决策系统根据外部场景信息明确车辆最佳路线方案的基础上，通过纵向和横向控制系统，在满足车辆交通规则和一般驾驶经验的前提下，使车辆能够沿着既定规划路线行驶，并模拟驾驶员进行速度调整、变道、跟车及超车等操作。

机械运动控制是无人驾驶控制技术的关键，又可分为纵向和横向两部分：纵向控制，即车辆的前后动力控制，包括驱动和制动；横向控制，即车辆的左右变向控制，包括方向盘角度和轮胎力控制。二者配合即可实现车辆自由控制。

因此，本质上无人驾驶就是横纵配合的车辆机械控制，但路段间无人驾驶实现的条件是车辆控制作为与周围环境和道路信息的交互动作被执行，一方面需要保证能够通过高灵敏性和稳定性的车载传感器持续稳定地进行驾驶场景信息的输入；另一方面需保证智能控制系统的精准性。

基于路段间无人驾驶的难度，人们在实际应用中引入了无人驾驶路段的概念，即选择道路环境复杂性较低、行驶安全系数较高的高速公路路段作为无人驾驶路段，可以且仅可以在此路段范围内启动自动驾驶功能，驶出后转为人员驾驶模式。由于实践条件，手动自动转换模式也是当前无人驾驶结构的主要模式。

自动驾驶系统功能的全面实现还需要配合其他功能承接系统，主要有以下四个系统。

（1）车道保持辅助系统

车道保持辅助系统（lane keeping assistance，LKA）是智能驾驶辅助系统的一个子系统，在车道偏离预警系统（lane departure warning system，LDWS）识别车道线、对车辆压线或偏移行为发出预警后，车道保持辅助系统将控制制动控制器或转向系统，保证车辆始终处于车道内行驶的状态。

车道保持辅助系统兼有辅助驾驶和车辆安全系统的部分功能，当车辆压线或偏移车道时，首先通过警示音或座椅振动发出警告，若驾驶员不能及时进行控制调整，系统将控制车辆使之重新处于车道内，此时若驾驶员阻止该行为，则车道保持辅助控制将被取消。

（2）自适应巡航控制系统

自适应巡航控制系统（adaptive cruise control，ACC）是智能驾驶辅助系统的一个分支，其对车速的控制主要是在雷达、摄像头等车载传感器的配合下实现的。相较于传统的定速巡航系统，ACC 能够在进行调速的基础上自动调整跟车状态下的车速与车距，提高行车的安全系数。

ACC 的工作原理是借助车载传感器不断收集道路信息，包括前车的运动状态信息，随后传输至系统；系统则依据安全性原则进行判断和决策，若自车与前车距离小于安全距离则进行制动或减速，反之则保持车辆与前车同速度下的跟车行驶，在保证行车安全的基础上优化了行车体验。

（3）自动泊车系统

自动泊车系统（automatic parking system，APS）通过多个车载装置的配合完成泊车过程。首先，通过车辆传感器和车辆通信系统获取或接收周边环境信息，以及其他车辆、行人及障碍物的运动状态信息；随后，通过泊车雷达、全景摄像头和超声波雷达对车位进行检测，收集车位场景信息；之后，通过车载计算平台或云计算平台根据信息进行决策，得出控制方案；最后，通过控制执行部件实现车辆的机械控制，将车辆泊入或泊出车位，保证整个泊车过程的高效和安全。

搭载有自动泊车功能的汽车可以在无人驾驶情况下在各种传感器和车辆控制器的配合下实现与场景的交互，自动规避障碍物，寻找空闲车位并实现安全泊车。

（4）紧急制动系统

紧急制动系统（autonomous emergency braking，AEB）是一种汽车主动安全技术，主要用于车辆辅助制动，主要指在车辆关闭自适应巡航、完全依赖驾驶员观察和驾驶经验行驶的情况下，若车辆遭遇紧急情况或与前车及行人距离过近时进行主动减速制动，以规避碰撞或追尾，提升驾驶安全系数的一种技术。

从工作机制上看，AEB 的执行链路是"感知 - 运算 - 执行"的闭合式链路，通过视觉摄像头、毫米波雷达等传感器收集环境信息，计算与周围车辆、障碍物及其他交通主体的安全距离，当距离过小，风险系数上升时，则自动下达指令执行制动等行为，以规避风险或实现破坏最小化。从汽车工程学角度看，AEB 即一种集成了车内传感器的环境监测、系统控制器的控制以及各种辅助软件和算法功能的综合型电子控制系统。

4.2.3　智能车辆的横向控制设计

车辆横向控制与车辆前后方向上的控制垂直，即汽车变向控制。其本质是为了保证车辆能够在无人驾驶情况下自动调整行车方向，保证实际行驶轨迹与既定规划路线的一致性，同时在复杂的环境下保证驾驶体验与行车安全。

横向控制主要是控制车辆的行车方向，具体通过方向盘扭矩和角度来实现，以保证车辆航向的正确。道路-汽车动力学控制模型是自动驾驶汽车横向控制系统有效的前提，它以最优预瞄驾驶员原理与模型为基础设计跟踪 PD 控制器，来帮助车辆在行驶过程中确定最优侧向加速度，形成车辆横向控制系统；随后，通过识别车辆纵向速度和道路曲率信息计算最优预瞄距离，从而使车辆能够根据当前纵向车速、道路情况自动匹配最适合的横向运动参数实现车辆横向控制。典型的车辆横向控制系统结构如图 4-7 所示。

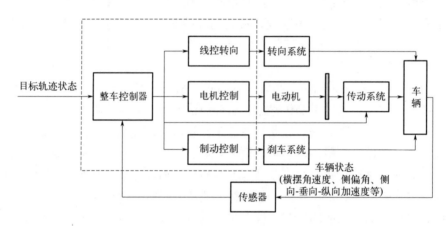

图 4-7 横向控制系统结构

（1）横向控制系统的实现路径

车辆的横向控制主要包括预瞄跟踪控制、前馈控制和反馈控制三个环节。

① 预瞄跟踪控制。预瞄跟踪控制原理是对驾驶员操纵特征抽象而来的。在实际行驶过程中，驾驶员对外界环境、道路状况以及车辆的运动状态信息进行综合判断，预测车辆实时位置与道路中心线之间的横向位移差以及航向偏离角度，并通过调整方向盘扭矩及角度保证车辆预瞄偏差为零。此过程中的预瞄偏差即预瞄侧向位移偏差或预瞄航向偏差，驾驶员根据预瞄偏差对方向盘进行相应角度的控制，从而保证车辆沿着既定轨迹行驶。

因此，预瞄控制系统参照汽车行驶状态参数、道路曲率、预瞄偏差和汽车的动力学模型计算出方向盘的控制角度以及前轮调整角度，从而保证车辆实际轨迹与目标轨迹的吻合，其结构原理如图 4-8 所示。

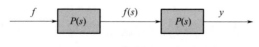

图 4-8 预瞄跟踪控制结构原理

② 前馈控制。前馈控制系统的作用原理为，当车辆处于相对平稳的行驶状态下并受到扰动时，及时计算出航向等被控量的相应变化数值，并及时根据这一数值对车辆进行控制，抵消掉扰动所造成的影响，使被控量处于相对恒定的状态。

③ 反馈控制。反馈控制的本质是以车辆历史状态信息为依据确定车辆的控制参数，将系统的上一次输出信息与当前的输入信息进行比较，通过二者的差值进行车辆控制。在控制系统中，若输出信息与输入信息相抵，则称为负反馈，负反馈能够使系统保持相对恒定的状态；若输出的信息能够增强输入的信息，则为正反馈，此类反馈能够实现信号增强。

（2）车辆横向控制的设计方法

车辆横向控制的设计方法包括基于驾驶员模拟的方法和基于车辆动力学模型的控制方法两类。

基于驾驶员模拟的方法又可以进一步细分为基于基础动力学模型和驾驶员控制原则的设计和基于算法控制器的设计，其中后者需要使用驾驶员控制过程中的数据对算法进行训练。

基于车辆动力学模型的方法则需要对车辆的整个横向运动模式进行精确建模，单轨道模型是较为常见的模型之一，该模型视角下设定车辆左右两侧具有相同的运动特性。

在一些极限场景下，面对车辆抓地能力过弱产生的不稳定问题，车辆横向控制的关键在于车辆横摆稳定控制。电子稳定性控制系统（electronic stability program，ESP）和前轮主动转向系统（active front steering，AFS）对轮胎作用力和前轮转向进行控制，通过增大轮胎与地面间的摩擦力和降低轮胎利用率保证车辆的平稳行驶。

4.2.4 智能车辆的纵向控制设计

车辆的纵向控制是行车速度方向上的前后控制，当前航向上的车速和与前后交通参与者的距离是主要控制内容。无人驾驶纵向控制案例包括巡航控制和紧急制动控制。该类控制的主体系统包括电动机、发动机、传动系统和制动系统。不同的控制器算法与汽车运行模型，制动过程模型以及由电机、发动机和传统系统构成的动力模型进行组合，形成了不同的纵向控制模式。图4-9所示是典型的纵向控制系统结构。

此外，针对轮胎作用力的滑移率控制是纵向稳定控制中的重要组成部分。滑移率控制系统通过使车轮处于不同的滑移参数下，从而对车辆的前后动力特性进行控制，避免驱动力过大使车辆位移过度或车辆前进阻力大于动力造成车辆停止的情况，从而保证车辆能够平稳、安全地行驶。

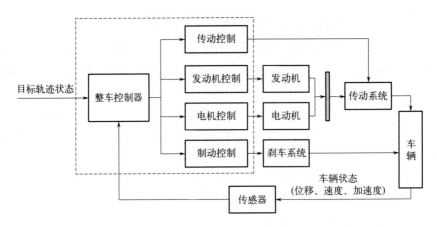

图 4-9 纵向控制系统结构

防抱死制动系统（antilock brake system，ABS）在汽车进行减速操作时，通过控制制动器所提供的制动力将车轮滑移率控制在 20% 左右，防止车轮抱死导致车辆急停，实现地面制动作用力的最大化利用。一些智能滑移率控制策略通过在滑移控制系统中接入传感器信息，实现了滑移率控制对驾驶场景的自适应，即能够结合不同的道路条件为车轮设置该道路条件下的最优车轮滑移率，从而使轮胎作用力更好地参与制动。

相较于传统的微分控制（proportion integration differentiation，PID）和前馈开环控制对发动机运作模式和汽车运动过程建模，以所建立的模型为基础进行控制器设置的控制策略，神经网络控制、模糊控制、滚动时域优化控制等智能控制策略以其灵活性、精准性、高敏性成为纵向控制领域内的典型控制策略，借助各种算法，智能控制策略解决了传统控制策略过度依赖模型、适应性差以及精确度难以满足复杂道路环境要求的问题。

结合当前研究现实来看，有关汽车纵向控制解决方案的研究仍旧是围绕各种车内动力模型和控制器展开，面对复杂多变的道路环境与无人驾驶的需要，电机-发动机-传动模型、制动过程模型以及汽车运动模型应能够满足简单、可解释性强、灵敏度和精确度高的条件，同时控制器应具有较强的抗干扰能力和汽车性能变化适应性。

当前应用的系统中大部分是通过车载传感器实现外部环境信息收集的自主系统，如防碰撞控制、巡航控制等，而 V2X 车联网通过与其他车辆及道路基础设施的交互也能够实现对外部环境信息的获取，但这一功能在当前的系统设计中一定程度上被忽略了。因此，在纵向控制研究方面，可以尝试通过 V2X 车联网获取本车与周围车辆的相对位置、行驶路段路况、前车驾驶行为等信息，从而更好地对自车行为做出决策，进一步提升车辆控制的精确性，在保证车辆安全的同时提高驾驶效率、节省能耗。

4.2.5 智能车辆控制的技术方案

以驾驶动作对行驶环境的响应模式为划分依据，无人驾驶控制技术可分为间接控制和直接控制两种方案。

（1）基于规划-跟踪的间接控制方法

无人驾驶间接控制是一类基于规划-跟踪的无人驾驶车辆控制方法，这也是当前在无人驾驶领域应用最多的典型控制方法。该方法主要是在系统对融合环境信息进行读取的基础上，结合车辆当前的行为需要进行路径规划，所规划的路径要符合车辆常规的运动和动力学原则，同时行驶场景满足车辆沿轨迹安全行驶的条件，且行驶时间可控，随后，设置一定的控制原则使车辆沿生成轨迹行驶，其结构原理如图 4-10 所示。

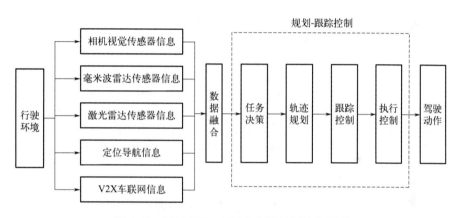

图 4-10 基于规划-跟踪的间接控制结构原理

早期的轨迹规划策略实际上是从机器人路径研究领域中移植而来的，1980 年以后经过一定改良，作为智能汽车路径规划策略被引入。这类路径规划方法所给出的路径是未经拟合的直线和圆弧线，连续性较差，使得车辆在连接点不得不停止后转向，造成驾驶效率降低和驾驶体验变差。对这一问题的解决方法有两种：一是通过精确度较高的位置传感器和高频跟踪器控制器及时对外部环境变化信息进行收集，让驾驶员提前做出反应；二是在轨迹规划过程中进行拟合，使得轨迹自身连续，显然第二种方法可行性更高。

（2）基于人工智能的直接控制方法

无人驾驶的直接控制是一类以人工智能为基础的无人驾驶车辆自主控制决策方法。一般情况下，若已知可控的对象和外部环境，传统控制技术通过对这些已知条件进行建模，即可通过应用传统的控制策略获得良好的控制效果。

但实际行车环境往往是复杂多变的，不论是行驶道路的路况、所处地形地势，还是各种天气状况，都是难以精准预测、不确定的，即实际行车环境的信息熵较高,难以全部收集并建模。此外车辆自身运动模式和工作状态也具有较大的不确定性,建模难度同样很大。因此传统控制技术与无人驾驶实际场景的适配度并不高。

无人驾驶直接控制方法即运用人工智能等方法,对"行驶环境信息输入 - 信息处理与驾驶决策 - 驾驶动作输出"这一过程进行建模,其本质上是参照一般的驾驶员行为模式建立反应模型,让车辆能够对各种不同环境信息的输入做出不同的控制响应,而无须再对控制对象进行建模。基于人工智能的直接控制原理如图 4-11 所示。

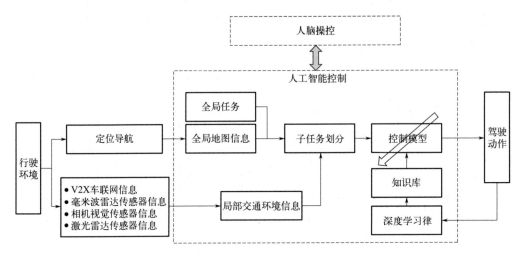

图 4-11 基于人工智能的直接控制原理

依据安全性原则和常规驾驶经验,优秀的汽车驾驶员应具有较强的驾驶环境洞察能力、优秀的驾驶决策能力并能够采取正确的驾驶动作对不同的驾驶场景进行响应,从而保证驾驶过程的安全,以下是对这些能力的具体介绍:

① 形成正确的视觉注意机制:眼睛是驾驶员获取周围环境驾驶信息的第一器官,优秀的驾驶员往往形成了自身独特的视界习惯性区域,能够快速察觉外界环境的变化;

② 高效的视觉条件反射:通过驾驶经验的积累,优秀的驾驶员往往能够在大脑接收到某一环境信息后快速采取正确的行动进行响应,如在驶入急弯后以最合适的制动力度在最合适的时机进行减速、将方向盘扭转到最合适的角度等。

基于人工智能的决策控制模型,本质上是对驾驶员在外界环境刺激下产生条件反射的过程进行模拟,在通过传感器或 V2X 系统获取外界以及车辆自身信息后,结合驾驶经验与在线学习机制迅速采取相应的控制动作。这一控制策略实现的关键是对驾驶过程进行建模,但当前这一问题仍处于探索之中。

对驾驶员行为的研究最早开始于 20 世纪 50 年代,起初的目的是通过驾驶员行为研究开发出科学的辅助控制策略,对驾驶体验进行优化并提高驾驶安全性。主要研究方法是在对大量驾驶员行为数据进行收集分析的基础上,对某种场景下的驾驶行为进行建模。由于驾驶场景的多样性,驾驶员行为模型也多种多样,常见的驾驶员行为模型分为跟车模型、安全模型、转向模型、驾驶负担模型。

4.3 自动驾驶路径跟踪的控制方法

4.3.1 经典控制方法

经典控制理论是一种以输入输出特性为系统数学模型的控制理论,其研究对象为单输入、单输出的自动控制系统,数学工具为拉普拉斯变换,图解分析方法为频率响应法和根轨迹法。除此之外,在作用过程中还会用到传递函数法、时域分析法等多种方法,这些方法均以线性等时不变(linear and time-invariant system,LTI)系统为基础,在控制的实时性方面的要求较高,且具有十分明确的限制条件。

从经典控制理论的作用过程上来看,首先,要将描述系统的微分方程或差分方程变换到复数域当中,并借此获得系统的传递函数;其次,要在此基础上进入频率域分析和设计系统;最后,还要进一步确定控制器的结构和参数。

经典控制方法主要包括频率响应法、根轨迹法、时域分析法,如图 4-12 所示。

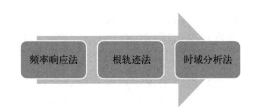

图 4-12 经典控制方法

(1)频率响应法

频率响应法是一种用于分析和设计控制系统的方法,能够以传递函数为基础对控制系统进行分析,以系统的开环频率特性图形为参考依据对系统的闭环响应情况进行分析,也能够在一定程度上把握各个环节和各项参数对系统性能的影响,并为优化系统性能提供支持。

控制系统的频域分析方法是一种图解法,可以利用极坐标图和伯德图法实现分析研究功能,分析机理模型的系统性能和来源于实验数据的系统,为自动驾驶汽车实现路径跟踪提供支持。

具体来说,频率响应法主要呈现出如表 4-5 所示的几项特点。

表4-5 频率响应法的特点

序号	主要特点
1	通过签署传递函数和实验两种方式确定频率特性,能够为各类难以列写微分方程式的元部件和系统应用到工程当中提供方便
2	充分发挥开环频率特性的图形的作用,实现对系统的分析,且形象直观,计算量较少
3	可用于分析线性定常系统、传递函数不是有理数的纯滞后系统和部分非线性系统

（2）根轨迹法

根轨迹法是一种用于分析和设计线性定常控制系统的图解方法，能够在掌握系统的开环极点和零点的分布情况的情况下，绘制这些极点和零点在复平面上的轨迹，并在此基础上生成相应的变化图解特征方程，实现对控制系统的稳定性和动态响应的分析及设计。

根轨迹图是根轨迹法的基本概念和核心，能够描绘出参数变化过程中的控制系统极点的运动轨迹，并以清晰直观的方式表现出系统的稳定性、校正能力和动态响应能力。

在制作根轨迹图的过程中，明确系统的传递函数是第一步，除此之外，自动驾驶汽车还需要在复平面中绘制系统的极点轨迹。

对自动驾驶汽车来说，在实现路径跟踪的过程中，可以借助根轨迹图掌握极点轨迹的形状和位置，并进一步获取控制系统的重要信息。

一方面，自动驾驶汽车可以利用根轨迹图来衡量系统的稳定性。一般来说，当极点轨迹位于左半平面时，说明系统具有较强的稳定性；当出现一个或部分极点位于右半平面的情况时，说明系统的稳定性较差。

另一方面，自动驾驶汽车可以通过根轨迹图来判断系统的动态响应速度和稳定性裕度。一般来说，若极点轨迹不断趋近于虚轴，则说明系统具有较快的动态响应速度；若极点轨迹逐渐远离虚轴，则说明系统具有较高的稳定裕度。

除此之外，自动驾驶汽车还可以利用根轨迹图调整控制器的参数，让预定位置落在极点轨迹上，从而达到校正系统的效果。

（3）时域分析法

时域分析法是一种可用于在时间域中对现行控制系统进行分析和校正的方法，具有准确性高、直观性强等优势，能够根据各项相关信息来衡量系统的稳定性、瞬态性能和稳态性能。但在研究由系统参数调整带来的系统性能指标变化趋势和系统校正设计等方面的问题时，时域分析法难以充分发挥作用，也无法为相关研究人员的工作提供方便。

从输入信号方面来看，时域分析法大多需要用到单位阶跃信号、单位斜坡信号、等加速度信号、单位脉冲信号。为了实现对系统动态性能和稳态性能的研究，自动驾驶汽车应确保系统的稳定性。由于阶跃输入在性能稳定性方面的要求较高，因此若系统可以在阶跃信号的作用下保持动态性能较为稳定，那么该系统通常可以在各种函数的作用下稳定发挥其动态性能。具体来说，时域分析法主要具备如表 4-6 所示的几项优势。

表4-6　时域分析法的优势

序号	主要优势
1	时域分析法可以从数学上对系统进行描述，能够实现对系统的时变特性的精确分析和对系统的动态特性的精确研究
2	时域分析法可以以数学方程式的形式对非线性系统进行描述，降低描述的复杂度，从而解决非线性系统过于复杂的问题，实现对子系统的各项性能参数和特征的有效分析
3	时域分析法可以针对系统要求对模型进行灵活调整，确保模型与系统特性更加相符
4	时域分析法可以在机械系统、电气系统、计算机系统等多种系统中发挥作用

4.3.2　最优控制方法

最优控制是在一定约束条件下最大限度优化控制系统的性能指标的方法，通常来源于对大量实际问题的分析和提炼。从本质上来看，最优控制指的是从大量控制方案中筛选出的最佳控制方案，能够在系统的运动从初始状态转向目标状态的过程中将性能指标提升至最佳水平。

最优控制是最优化方法在自动驾驶领域的应用。具体来说，最优化方法可以看作一种求极值的方法，也就是说，最优化方法会在约束条件下寻求控制，让给定的系统性能指标达到最大值或最小值。从经济的角度上来看，最优化方法就是在人力、物力和财力等因素的限制下，在最大限度上提升经济效益，或在达成生产/经济任务的情况下，在最大限度上减少人力、物力、财力等资源的使用量。

最优控制理论能够从众多可能的控制方案中找出最佳控制方案，充分发挥古典变分法、最小值原理和动态规划等方法的作用，有效解决最优控制问题。

（1）古典变分法

变分法是一种起源于一些具体的物理学问题的泛函极值求解方法，也是解决最优控制问题的重要工具，能够利用极值函数使得泛函取得极大或极小值。对相关研究人员来说，可以深入学习并充分了解变分法的基本原理，以便进一步理解最优控制理论的思想和内容，深度把握最小值原理和动态规划等内容。

在实际应用中，受边界的封闭性等因素的影响，变分法所采用的控制函数的取值存在一定约束，例如，方向舵的转动范围被限制在两个极限值之间，电动机也只能在最大值范围内发挥作用。

（2）最小值原理

最小值原理是数学领域的基本概念之一，也是一种用于研究极值问题的方法，能够在一定程度上弥补经典变分法的不足，在解决最优控制问题方面发挥着十分重要的作用。具体来说，当控制存在约束，哈密顿函数 H 对 U 不可微时，最小值原理将发挥作用。此时,哈密顿函数在最优控制上的取值条件具有一定的可替代性,最优控制必要条件与变分法所得的条件之间也存在一定差别,而正则方程、横截条件、边界条件等其他条件之间并无太大差别。

一般来说,自动驾驶领域的相关工作人员在借助最小值原理解决最短时间控制问题时,应将 +1 或 −1 作为最短时间的控制量;在解决最少燃料控制问题时,则可以将 +1、−1、0 作为最少燃料的控制量。

(3)动态规划

动态规划是一种非线性规划方法,也是用于求解决策过程最优化的重要工具,能够将一个多级决策问题分解为多个相关单级决策问题,并按照由最后一级状态到初级状态的顺序进行逆向递推,找出最优策略,因此也被称为"多级决策理论"。

动态规划具有原理简单明了的优势,易于相关工作人员理解,可以广泛应用于计算机求解任务当中,处理各类理论问题。

从动态规划的实际应用方面来看,系统的状态变量具有无后效性是应用的前提。具体来说,无后效性指的是只要系统状态达到 $x(t)$,此后的状态将不再受之前的控制策略的影响,只与 $x(t)$ 及 $x(t)$ 到达终点时的控制策略有关。由此可见,自动驾驶汽车在通过动态规划的方式进行路径跟踪控制时,应选择能够满足无后效性要求的状态变量。

4.3.3 模糊控制方法

模糊控制是一种非线性智能控制手段,也是模糊数学在控制领域的重要应用,融合了模糊集合理论、模糊语言、模糊逻辑等多项相关内容,能够利用人的知识实现对目标的控制。

从实际应用上来看,模糊控制一般以"if 条件,then 结果"为表现形式,实现控制的过程依赖于人的经验和知识,适用于无法以严密的数学表示的控制对象模型。

具体来说,模糊控制系统原理框图如图 4-13 所示。

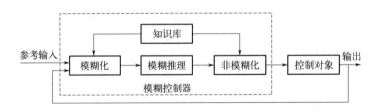

图 4-13 模糊控制系统原理框图

(1)模糊控制的主要特点

与常规的控制方案相比,模糊控制呈现出以下特点:

① 模糊控制只需掌握现场操作人员或专家的知识、经验、操作数据就可以实现对目标的控制，无须构建过程的数据模型。由此可见，模糊控制可以在控制缺乏精确数学模型和结构参数模糊的场合时发挥重要作用。

② 模糊控制只用语言变量的形式定性表达控制规则，只需总结归纳人的经验就能掌握规则和语言变量，并在此基础上通过推理的方式进一步进行观察和控制，无须传递函数与状态方程。

③ 系统具有较强的鲁棒性，而模糊控制恰好适用于控制时变、非线性、时延系统。

④ 模糊控制的语言控制规则具有较强的独立性，支持根据不同的观点设计相应的目标函数，同时也可以在整体层面对系统设计进行协调控制。

（2）模糊控制器的结构

模糊控制器主要包含精确量的模糊化、规则库模糊推理和模糊量的反模糊化三项内容。具体来说，模糊控制器的构成如图4-14所示。

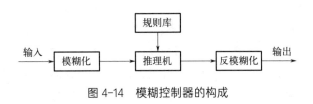

图 4-14　模糊控制器的构成

① 精确量的模糊化。模糊化指的是让清晰量逐渐变模糊。在模糊控制方法的作用下，输入量可以按照分类划分为不同的隶属度。以温度输入为例，可以根据高低划分成很冷、冷、常温、热、很热等多个隶属度。

② 规则库模糊推理。模糊控制器是一种与人的直觉相关的语言表示形式，在实现推理和控制功能的过程中需要用到相关专家的知识或相关操作人员的经验。一般来说，模糊规则包含多个起到连接作用的关系词，如 If-then、else、also、and、or 等。

规则库是用于存放各项模糊控制规则的空间，能够在推理过程中向推理机提供相应的控制规则。具体来说，规则库的准确度受专家知识的准确度影响，同时模糊子集的划分情况也会影响到规则的条数和模糊变量，当模糊子集划分较为细致时，规则条数会增多，但这一变化并不会改变规则库的准确度。

③ 模糊量的反模糊化。在执行控制之前，系统需要通过推导的方式对在模糊控制决策环节获取的模糊集合进行映射，并在此基础上将模糊量转化成精确量，找出一个精准的输出控制值，并利用该控制值实现对控制装置的直接驱动。具体来说，在模糊量转化过程中，系统需要用到相应的反模糊化判决方法，如重心法、加权平均法、最大隶属度法等。

4.3.4 鲁棒控制方法

就目前来看,自动驾驶领域所使用的自动控制技术大多以反馈理论为基础。具体来说,反馈理论主要涉及测量、比较和执行三项要素。其中,测量指的是采集所需变量信息,比较指的是与期望值进行比较,执行指的是根据误差对控制系统的响应情况进行优化调整。从本质上来看,若要充分发挥基于反馈理论的自动控制的作用,自动驾驶汽车就必须保证测量和比较的正确性,并在此基础上实现对系统的有效调节。

(1)鲁棒控制的基本概念

鲁棒控制是自动控制领域的研究重点,通常与鲁棒性有关,能够让具有不确定性的对象满足控制品质。具体来说,在自动控制领域,鲁棒性指的是控制系统在面临各种不利条件或参数摄动时继续保持性能稳定的特性,通常可按照性能的定义划分成稳定鲁棒性和性能鲁棒性两种类型。

在控制系统当中,模型大多具有较强的不确定性,究其原因,主要涉及以下两个方面:其一,受外部干扰、建模误差和工作状况变动等因素的影响,难以充分保证工业过程模型的精确度;其二,系统故障的存在也在一定程度上提高了模型的不确定性。为了让各个具有不确定性的对象满足控制品质,自动驾驶领域的相关研究人员需要加大对鲁棒控制的研究力度,开发出固定的控制器,也就是鲁棒控制器。

现代鲁棒控制是一种以找出保证控制系统安全运行的最低要求为设计目标的控制器设计方法。在完成控制器设计工作后,相关工作人员既要确保参数不变,又要保证控制器具有良好的控制性能。

在使用鲁棒控制方法时,自动驾驶汽车需要利用控制器来对时间域或频率域进行控制,同时也要对过程动态特性的信息及变化范围做出假设。一般来说,部分算法不需要使用十分精确的过程模型,但离不开离线辨识的支持。

(2)鲁棒控制的算法设计

鲁棒控制算法可用于调节时变系统、非线性系统等各类稳定性不足的控制系统,提高系统的稳定性和准确性。

鲁棒控制算法能够在保证系统鲁棒性的同时充分发挥标准控制方法的作用,进一步对系统进行调节,大幅增强系统在面对参数变化和外部干扰时的适应能力。

设计和实现鲁棒控制算法的过程主要包含以下几个环节:

① 明确控制对象,并采集其特征信息,确定其数学模型和采样频率。

② 围绕系统模型展开鲁棒控制器的设计工作,同时进一步加深对系统模型的理解,针对系统特点选择合适的控制器类型,如自适应型、模型参考自适应型、PID 型等,并据此调节参数,保证系统运行的稳定性。

③ 运用试控法、模型预测控制技术等方法调节控制器参数,提高控制器与系统特性之间的匹配度。

④ 对系统进行仿真，并通过实验来验证控制器的鲁棒性和稳定性。

总而言之，鲁棒控制算法可以在一定程度上增强系统的适应能力，减轻参数变化和外部干扰对系统的影响，提高系统的稳定性和准确性。现阶段，鲁棒控制算法已经被应用到飞行控制、电力电子和机器人控制等多个领域当中。未来，鲁棒控制算法的应用范围还将进一步扩大，同时也会有更多相关研究出现，驱动控制领域实现进一步发展。

4.3.5 自适应控制方法

自适应控制可以以自动化的方式应对各类系统无法预知的变化，维持系统状态。由此可见，自适应控制系统在运行过程中会持续采集系统的各项数据，如输入、输出、状态、性能参数等，通过对各项数据信息的分析处理充分了解和掌握对象，并获取各项过程信息，利用相应的设计方法做出控制决策，以便对控制器的结构、参数、控制作用等进行优化调整，在最大限度上提升控制效果。

就目前来看，成熟度较高的自适应控制系统主要有以下几种。

（1）可变增益自适应控制系统

可变增益自适应控制系统具有响应速度快、结构复杂度低、应用范围广等特点。从结构上来看，在这类系统中，调节器能够根据被控对象或被控过程的参数变化情况进行设计，并按照相应的程序来对增益进行调控，确保系统性能的稳定性。除此之外，在部分具有非线性校正装置和变结构的系统中，调节器对系统参数变化情况的灵敏度较低，也可以借助这一自适应控制方法来进行控制，以便获得良好的控制效果。

具体来说，变增益自适应控制如图4-15所示。

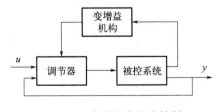

图4-15　变增益自适应控制

（2）模型参考自适应控制系统

模型参考自适应控制系统（model reference adaptive system，MRAS）包含参考模型、被控对象、反馈控制器、调整控制器参数的自适应机构等多个组成部分。具体来说，模型参考自适应控制系统如图4-16所示。

在设计模型参考自适应控制系统的过程中，相关设计人员应充分考虑综合自适应调整律问题，明确自适应机构需要遵循的算法。具体来说，自适应调整律的设计方法主要可分为两大类。一类是利用梯度或其他参数进行优化，计算出一组控制器的参数，在最大限度上降低某一预定性能指标，即局部参数最优化的方法。相关研究人员利用这种方法求出了最早的 MIT 自适应律，但同时这一方法也存在难以确保系统在参数调整过程中的稳定性的不足之处。另一类是以稳定性理论为基础的设计方法，能够确保参数自适应调节过程的稳定性，并在此基础上进一步提高调节过程的速度。

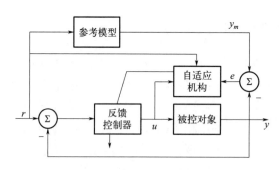

图 4-16　模型参考自适应控制系统

从本质上来看，自适应控制系统是一个非线性的控制系统，因此在为其设计自适应律时，相关工作人员也应运用 Lyapunov 稳定性理论、Popov 的超稳定性理论等适用于非线性系统的稳定理论，以便充分保证系统的稳定性。

（3）自校正调节器

自校正调节器（self tuning regulator，STR）是一种具备在线估计系统或控制器参数功能的工具，用于对象参数的递推估计，并对设计问题进行求解，进一步得出调节器参数。具体来说，自校正调节器的结构如图 4-17 所示。

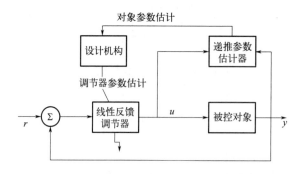

图 4-17　自校正调节器（STR）的结构图

自校正调节器可大致分为内环和外环两部分。其中，内环主要由被控对象和线性反馈调节器组成，外环主要由递推参数估计器和设计机构组成，且能够对内环的线性反馈调节器进行调节。

基于自校正调节器的控制系统可以自动完成系统的过程建模和控制的设计工作，且能够按照采样周期进行更新。系统中的调节器也可以自动对自身参数进行校正，从而支撑系统形成闭环性能。

（4）自寻最优控制系统

自寻最优控制系统是一种极值控制系统，可以将自动搜索和系统输出控制在极值状态。在自寻最优控制系统中，应确保被控系统的输入和输出特性中最少有一个代表最优运行状态的极值点，且被控对象具有非线性特性。一般来说，在系统运行过程中，若极值特性并未出现变化，则可以展开分析和试验工作，并借此找出能够确保系统工作在极值位置的固定控制量，此时，系统只需进行常规控制就可以达到并维持最优运行状态。

在系统运行过程中，部分工业对象的极值特性会出现变化，导致系统难以通过常规控制的方式实现对这些工业对象的有效控制。在这种情况下，系统需要充分发挥自寻最优控制策略的作用，以自动化的方式保持极值运行状态，并将运行状态的梯度控制为 0。

4.3.6 模型预测控制方法

模型预测控制方法是一种广泛应用于工业、智能控制等多个领域当中的优化控制算法。从基本原理上来看，这种算法是一种经典算法，且符合预测模型、滚动优化和反馈校正的原理。

（1）预测模型

预测模型是系统实现模型预测控制的基础，能够对被控平台的系统状态信息进行控制，并综合考虑未来的控制输入变量等相关数据信息，实现对未来被控平台状态的有效预测。模型预测控制方法并未强制规定预测模型的形式，因此预测模型可以是状态空间方程，也可以是传递函数，还可以是阶跃响应模型或脉冲响应模型、模糊模型等其他形式。从车辆方向的角度来看，相关工作人员应根据被控对象和所需预测的状态选择相应的模型，其中，状态空间模型是较为合适的一种模型。

（2）滚动优化

与离散最优控制算法相比，滚动优化并未采用不变的全局最优目标，而是利用滚动式的有限时域优化策略实现模型预测控制。从作用过程上来看，滚动优化可以按照各个采样时刻的优化性能指标计算出从此刻起有限时段的最优控制率。由于各个采样时刻的优化性能指标只与此刻到未来有限时间有关，优化时段会不断推移，最优控制率也会随之变化，因此系统需要反复在线处理各个采样时刻的各项数据信息。

系统可以借助滚动优化策略根据实际情况确立新的优化目标，综合考虑对未来有限时域内的理想优化和实际不确定性的影响，确保优化控制更贴合实际，同时也在一定程度上保证优化控制的有效性。

（3）反馈校正

模型预测控制主要用于对开环优化问题进行求解。在预测控制的过程中，在理想情况下，系统可以利用预测模型预估过程输出值；在实际过程中，基于模型的预测会受到许多不确定性因素的影响，如时变、干扰、非线性、模型失配等。

为了提高输出的预测值的准确性，在预测控制过程中，系统需要对比输出的测量值和模型的预估值，找出二者之间的误差，并根据模型预测误差来对模型的预测值进行校正。模型与反馈校正的结合，大幅提高了预测控制的抗干扰能力和克服系统不确定性的能力。滚动优化可以充分利用各项反馈信息，根据系统的实际输出持续调整预测输出，实现闭环优化控制。

从原理上来看，模型预测控制器主要涉及 MPC 控制器、被控车辆和状态估计三项内容。具体来说，模型预测控制器原理框图如图 4-18 所示。

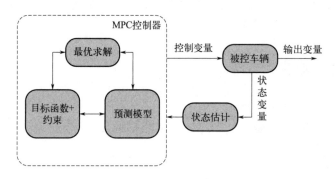

图 4-18　模型预测控制器原理框图

MPC 控制器可以与预测模型、目标函数及约束条件协同作用，实现最优化求解，让系统可以获得当前时刻的最优控制序列，并将该序列输入被控平台，向被控平台传达控制指令，向状态估计器中输入当前时刻的状态量观测值，以便进一步估计出地面附着系数等各项无法直接观测的状态量。MPC 控制器可以根据状态量信息进行最优化求解，计算出下一时刻被控平台所需的控制变量，并再次执行这一过程中的各项操作，实现模型预测控制。

第 5 章

智能网联汽车网络通信技术

5.1 智能网联汽车网络系统

5.1.1 车载网络系统基本概述

随着汽车电动化、智能化、网联化的发展，汽车上的传感器越来越多，达到成百上千，只有汽车上的传感器和道路基础设施上的传感器也互联互通，智能网联汽车才会变成智能的网络系统。

智能网联汽车主要包括三种网络，即以车内总线通信为基础的车内网络，也称为车载网络；以短距离无线通信为基础的车载自组织网络；以远距离通信为基础的车载移动互联网络。因此，智能网联汽车的网络系统是由车载网络、车载自组织网络和车载移动互联网络融合而成的有机统一的整体，如图5-1所示。

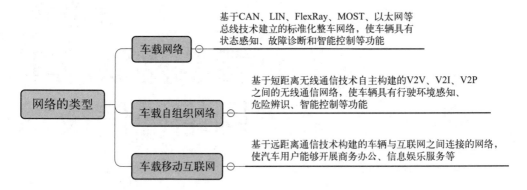

图 5-1 智能网联汽车网络类型

美国汽车工程师学会（SAE）将车载网络划分为5种类型，分别为A类低速网络、B类中速网络、C类高速网络、D类多媒体网络和E类安全网络，如图5-2所示。

5.1.2 车载网络通信系统

汽车的传感器、控制器、执行器之间会发生通信，设备间的通信采用点对点的方式进行连接，形成车载网络。就目前的趋势来看，汽车的电控系统变得越来越复杂，要求电控单元具备比以往更强的通信能力，在这种情况下，如果使用点对点连接，就需要用到大量的线束，这样做不利于内部通信的安全可靠，也会增加车辆的整体重量。在这样的条件下，如何减少连线数量成了汽车设计中的关键问题，而汽车电子网络系统的出现就是为了解决这一问题。

车载网络技术的基础构造由多种网络结构组成，包括CAN、LAN、LIN、MOST等。在车载网络技术的作用下，车内的各电控单元将建立起通信，对汽车实施有效控制，更好地保障汽车的安全。此外，车载网络技术可以使车内通信变得更加安全高效，并促成数据的共享交换，借助信息流通更全面地掌握车内情况。

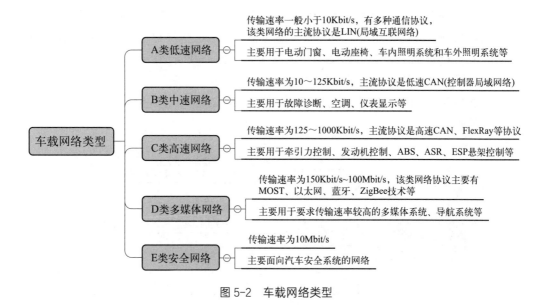

图 5-2　车载网络类型

（1）车载网络通信系统的应用领域

车载网络通信系统在许多领域得到应用，以导航系统、娱乐系统和车辆监控系统为代表。在车载网络通信系统的作用下，导航系统得以向驾驶者提供高质量的导航服务，将精确的导航路线给到驾驶者，并根据实时情况对路线进行调整；娱乐系统为驾乘人员提供影视、音乐等娱乐功能，使其在行驶过程中得到放松；车辆监控系统借助摄像头、传感器等设备收集环境信息，实施监控操作，发现异常状况后及时发出预警。

（2）车载网络通信系统的技术特点

通常来说，车载网络通信系统有以下特征：第一，较高的速率和带宽以及较低的延迟，以确保信息的实时传递，避免信息滞后带来风险；第二，较高的信息安全技术水平，以抵御黑客攻击，保护用户信息；第三，合理的嵌入式系统设计，这是实现设备稳定可靠的关键。

（3）车载网络通信系统的未来发展

在未来，车载网络通信系统的智能化水平会不断提高，功能会变得更加全面。未来汽车内部将实现更加强大的智能交互功能，在人工智能的加持下，驾乘人员能够享受到更高质量的语音识别服务。除了车内交互，车外交互在未来也将得到加强，车辆可以与交通设施建立通信关系，获得各种交通信息，如拥堵情况、收费站收费情况、信号灯指示等。另外，在车载网络通信系统的支持下，车辆与车辆之间也能够进行交互，优化驾驶员的驾驶体验。

5.1.3 车载自组织网络

车载自组织网络是一种自组织、结构开放的车辆间通信网络，能够提供车辆之间以及车辆与路边基础设施之间的通信，通过结合全球定位系统及无线通信技术，如无线局域网、蜂窝网络等，可为处于高速移动状态的车辆提供高速率的数据接入服务，并支持车辆之间的信息交互，可以保障车辆行驶安全，提供高速数据通信、智能交通管理及车载娱乐的有效技术。

车载自组织网络结构主要分为3种，即V2V通信、V2I通信、V2P通信，如图5-3所示。

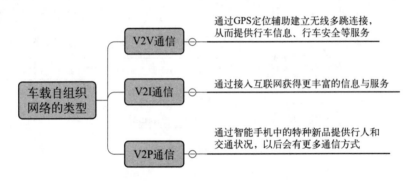

图 5-3 车载自组织网络的类型

根据节点间通信是否需要借助路侧单元，车载自组织网络的结构分为车间自组织型、无线局域网/蜂窝网络型和混合型。

车载自组织网络路由协议可以分为基于拓扑结构的路由、基于地理位置的路由、基于移动预测的路由、基于路侧单元的路由和基于概率的路由，如图5-4所示。

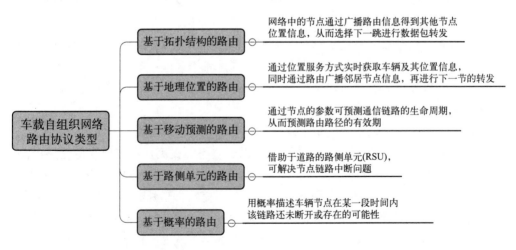

图 5-4 车载自组织网络路由协议类型

车载自组织网络的应用场景主要包括碰撞预警、避免交通拥堵、紧急制动警告、并线警告和交叉路口违规警告等。随着车载自组织网络技术的发展,其应用范围越来越广泛,主要涉及安全、驾驶、公共服务、商用、娱乐等。

5.1.4 车载移动互联网

移动互联网是以移动网络作为接入网络的互联网及服务,主要由应用设施、网络设施、终端设施这三部分组成。

移动互联网的接入方式主要有卫星通信网络、无线城域网(WMAN)、无线局域网(WLAN)、无线个域网(WPAN)和蜂窝网络(4G/5G 网络)等,如图 5-5 所示。

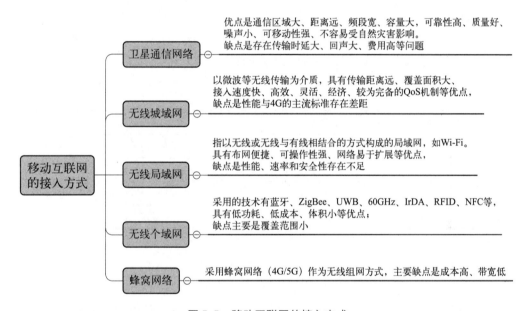

图 5-5　移动互联网的接入方式

车载移动互联网是以车为移动终端,通过远距离无线通信技术构建的车与互联网之间的网络,实现车辆与服务信息在车载移动互联网上的传输。

车载移动互联网的典型应用就是车联网。车联网是指利用物联网、无线通信、卫星定位、云计算、语音识别等技术,可实现智能信号控制、实时交通诱导、交通秩序管理、交通信息服务等一系列交通管理与服务应用,最终达到交通安全、行车高效、驾驶舒适、节能环保等目标。

智能网联汽车通过车载移动互联网,可以实现导航及位置服务、实时交通信息服务、网络信息服务、汽车使用服务、汽车出行服务、商务办公等。

智能网联汽车网络系统代表了汽车行业的未来方向,将为车主、乘客和道路用户带来更多便利和安全。但与之相关的挑战包括网络安全、数据隐私、标准化以及法规和道德问题。

5.2 车内总线通信技术

随着汽车消费者对汽车的安全性、舒适性和智能化的要求越来越高，汽车总线技术得到了迅速的发展。汽车使用车载总线系统可以简化线束的数量、实现智能化信息交互，控制单元全部通过网络总线系统进行连接和传输，各 ECU 单元之间随时进行数据交互实现信息共享，如发动机转速、节气门位置以及车速。

目前，汽车上普遍采用的汽车总线有局部互联协议 LIN 和控制器局域网 CAN，正在发展中的汽车总线技术还有高速容错网络协议 FlexRay、用于汽车多媒体和导航的 MOST 总线，以及计算机网络兼容的蓝牙、无线局域网等无线网络技术。

下面我们主要介绍五种主流的车用总线：CAN 总线、LIN 总线、FlexRay 总线、MOST 总线和车载以太网，表 5-1 列出了前四种。

表5-1 车用总线类型

类别	总线名称	通信速度	应用范围
A 类	LIN	10～125Kbit/s	大灯、灯饰、门锁、电动座椅等
B 类	CAN	125Kbit/s～1Mbit/s	汽车空调、电子指示、故障检测等
C 类	FlexRay	1～10Mbit/s	发动机控制、ABS、悬挂控制、线控转向等
D 类	MOST	10Mbit/s 以上	汽车导航系统、多媒体娱乐

5.2.1 CAN 总线

控制器局域网总线（controller area network，CAN）是一种用于实时应用的串行通信协议总线，可以使用双绞线来传输信号，是世界上应用最广泛的现场总线之一。

CAN 协议用于汽车中各种不同元件之间的通信，以此取代昂贵而笨重的配电线束。CAN 协议的特性包括完整性的串行数据通信、提供实时支持、传输速率高达 1Mbit/s，同时具有 11 位的寻址以及检错能力。

CAN 总线由德国 Bosch 公司在 20 世纪 80 年代最先提出，最初动机是为了解决现代汽车中庞大的电子控制装置之间的通信，减少不断增加的信号线。CAN 数据信息传输速率最大为 1Mbit/s，属于中速网络，通信距离（无须中继）最远可达 10km。

CAN 总线网络具有几大特点，包括多主控制，消息的发送，系统的柔软性，高速度和远距离，远程数据请求，错误检测、错误通知、错误恢复功能，故障封闭，连接等功能和特点，如图 5-6 所示。

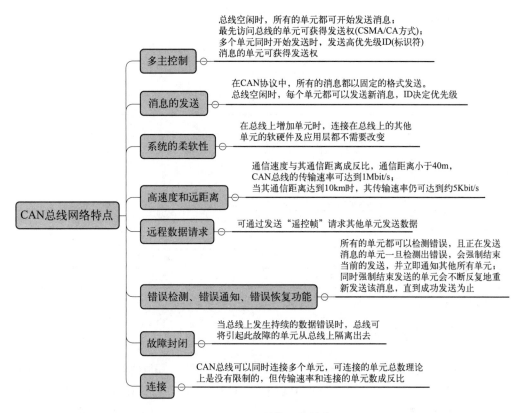

图 5-6 CAN 总线网络特点

其中，汽车 CAN 总线有两条：一条用于驱动系统的高速 CAN 总线，速率达到 500Kbit/s；另一条用于车身系统的低速 CAN 总线，速率为 100Kbit/s。

5.2.2 LIN 总线

LIN 是局部连接网络（local interconnect network）的简称，也被称为局域网子系统。其数据传输速率为 20Kbit/s，属于低速网络，媒体访问方式为单主多从，是一种辅助总线，辅助 CAN 总线工作。

由于一个 LIN 网络通常由一个主节点、一个或多个从节点组成，所以 LIN 网络为主从式控制结构。LIN 网络主要应用于门锁、开关面板、后视镜、电动门窗、座椅调节、灯光照明等控制。

LIN 总线是针对汽车分布式电子系统而定义的一种低成本的串行通信网络，是对控制器区域网络（CAN）等其他汽车多路网络的一种补充，用于实现汽车中的分布式电子系统控制。LIN 的目标是为现有汽车网络（例如 CAN 总线）提供辅助功能。

LIN 联盟成立于 1999 年，并发布了 LIN01.0 版本。最初的成员有奥迪、宝马、克莱斯勒、摩托罗拉、博世、大众和沃尔沃等。LIN 主要用于车内分布式电控系统，尤其是面向智能传感器或执行器的数字化通信场合。

LIN 总线特点主要体现在如表 5-2 所示的几个方面。

表5-2 LIN总线特点

序号	主要特点
1	包含一个主节点和一个或多个从节点
2	低成本，基于通用 UART 接口，几乎所有微控制器都具备 LIN 必需的硬件
3	极少的信号线即可实现国际标准 ISO 9141 规定
4	传输速率最高可达 20Kbit/s
5	单主控/多从设备模式不需仲裁机制
6	从节点不需晶振或陶瓷振荡器就能实现自同步，节省了从设备的硬件成本
7	保证信号传输的延迟时间
8	不需要改变 LIN 从属节点的硬件和软件就可以在网络上增加节点
9	一个 LIN 网络上节点数小于 12 个，共有 64 个标识符

5.2.3 FlexRay 总线

FlexRay 总线是由宝马、飞利浦、飞思卡尔和博世等公司共同制定的一种新型通信标准，专为车内联网而设计，采用基于时间触发机制，具有高带宽、容错性能好等特点，在实时性、可靠性、确定性、灵活性方面具有一定的优势，如图 5-7 所示。

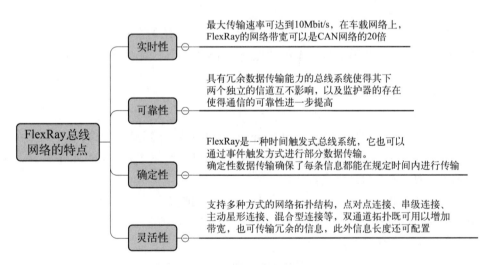

图 5-7 FlexRay 总线网络的特点

FlexRay 可以应用在无源总线和星形网络拓扑结构中，也可以应用在两者的组合拓扑结构中。这两种拓扑均支持双通道 ECU，这种 ECU 集成多个系统级功能，以节约生产成本并降低复杂性。双通道架构提供冗余功能，并使可用带宽翻了一番，每个通道的最大数据传输率达到 10Mbit/s。

奥迪 A8 中的 FlexRay 总线拓扑结构使用 FlexRay 总线可以实现驾驶动态控制、车距控制、自适应巡航控制和图像处理等功能。FlexRay 总线拓扑图如图 5-8 所示。

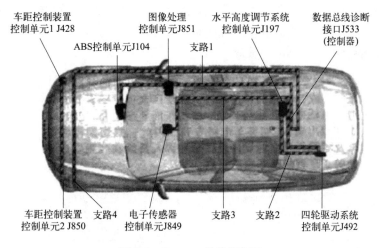

图 5-8　FlexRay 总线拓扑图

FlexRay 总线的拓扑结构可以分为点对点连接的主动星型拓扑结构（支路 3）和总线型拓扑结构（支路 1、2 和 4）。

5.2.4　MOST 总线

MOST（media oriented system transport，多媒体定向系统传输）总线是使用光纤或双绞线作为传输介质的环形网络，可以同时传输音/视频流数据、异步数据和控制数据，支持高达 150Mbit/s 的传输速率。

第 3 代标准 MOST150，不仅最高可支持 147.5Mbit/s 的传输速率，还解决了与以太网的连接等问题，因此，MOST150 将成为 MOST 总线技术发展的趋势。同时，MOST 也具有许多特点，主要体现在如表 5-3 所示的几点。

表5-3　MOST总线网络的特点

序号	主要特点
1	最高可以达到 147.5Mbit/s 的数据传输速率
2	有无主控计算机都可以工作
3	支持声音和压缩图像的实时处理
4	支持数据的同步和异步传输
5	发送/接收器嵌有虚拟网络管理系统
6	支持多种网络连接方式，提供 MOST 设备标准
7	可以减小连接各部件的线束的质量、降低噪声、降低工作量
8	光纤网络不会受到电磁辐射干扰与搭铁环的影响

宝马、奔驰、别克和 SMSC 于 1998 年以德国民法合伙人的方式成立了 MOST 合作组织，之后奥迪很快也加入了该组织。MOST 合作组织成立后便致力于协议的快速标准化工作，并迅速地将实际系统搭载于汽车上。

MOST 传输协议由分割成帧的数据块组成，每一帧包含流数据、分组数据和控制数据。MOST 总线利用光脉冲传输数据，采用环形结构，在环形总线内只能朝着一个方向传输数据。

MOST 在汽车上的应用广泛，可以实现实时传输声音和视频，以满足高端汽车娱乐装置的需求，主要用于车载电视、车载电话、车载 CD、车载互联网等系统的控制中，也可以用在车载摄像头等行车系统。

四种常用总线网络传输速率与成本的比较如图 5-9 所示。

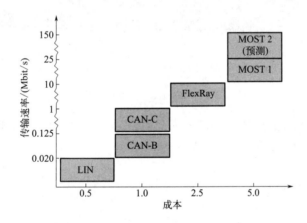

图 5-9　总线网络传输速率与成本比较

5.2.5　车载以太网

车载以太网通过以太网技术将汽车内部电子单元互联互通。车载以太网技术在传输数据时只需要通过单对非屏蔽双绞线就能够实现 100Mbit/s 的传输速率，更有甚者达到了 1Gbit/s 的速率，并且符合汽车领域提出的功耗小、电磁辐射小、可靠性强的网络架构要求。

以太网（Ethernet）最早由 Xerox（施乐）公司创建，1980 年由 DEC（美国数字设备公司）、Intel（英特尔公司）和 Xerox 三家公司联合开发成为一个网络标准。

以太网是应用最为广泛的局域网，包括标准的以太网（10Mbit/s）、快速以太网（100Mbit/s）和 10G 以太网（10Gbit/s）等。目前在汽车上使用的是数据传输速率为 100Mbit/s 的 IEEE 802.3u 标准。

车载以太网的特点主要体现在如表 5-4 所示的几个方面。

表5-4 车载以太网的特点

主要特点	具体内容
灵活开放性大	相较于传统车载网络，以太网的架构是灵活性极高的星形连接，为各链路提供了100Mbit/s 的专项带宽
可扩展性强	以太网拥有良好的扩展性能，可对信息进行远程处理，将车载系统作为一个网络系统来满足"重用性"与"互操作性"的要求
性价比高	以太网具有显著的开放性、成熟性等优势，在汽车领域中使用也有利于节约整体应用成本

随着先进传感器、高分辨率显示器、车载摄像头、先进驾驶辅助系统及其数据传输和控件的加入，汽车电子产品正变得更加复杂。采用标准的以太网协议将这些设备连接起来，可以帮助简化布线、节约成本、减少线束质量和增加行驶里程。以太网在智能网联汽车上的应用如图 5-10 所示。

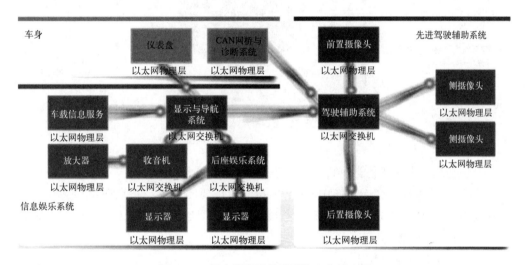

图 5-10 以太网在智能网联汽车上的应用

汽车电子化程度是衡量现代汽车水平的重要标志，而汽车电子技术的提升也带动了总线技术的发展。针对越来越复杂的汽车电子设备、传感器、控制器、接口等，需要更高要求的带宽，车内外的通信速率要求明显大幅度提高，以太网的优势决定了其未来应用于汽车产业已经成为必然趋势。

5.3 车载无线通信技术

5.3.1 UWB 技术

超宽带（ultra wide band，UWB）技术是一种新型的无线通信技术。它通过对具有很陡的上升和下降时间的冲击脉冲进行直接调制，使信号具有 GHz 量级的带宽。

超宽带技术解决了困扰传统无线技术多年的有关传播方面的重大难题，它具有对信道衰落不敏感、发射信号功率谱密度低、低截获能力、系统复杂度低、能提供数厘米的定位精度等优点，尤其适用于室内等密集多径场所的高速无线接入。UWB 技术特征如图 5-11 所示。

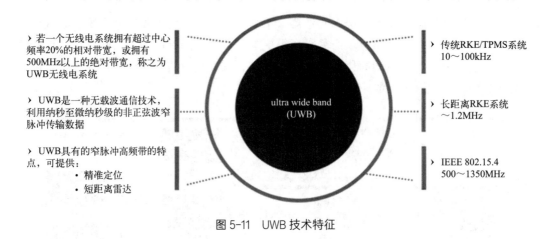

图 5-11　UWB 技术特征

其优势通俗来讲就是能耗低，以及定位精度高（目前部分产品技术能达到 15cm）。在汽车、出行和智能交通系统中，UWB 扮演着重要的角色，特别在自动驾驶、车内智能网络、中继攻击防御、无钥匙智能进入系统、自动泊车等方面可以带来更高性能、更低成本的解决方案。

（1）UWB 的测距方法

目前，常用的 UWB 测距方法有三种，分别是：

① ToF（time of flight）测距：通过测量 UWB 信号在基站与标签之间飞行的时间来实现测距。

② TDoA（time difference of arrival）测距：利用 UWB 信号由标签到达各个基站的时间差来进行定位。TDoA 测距原理如图 5-12 所示。

③ PDoA（phase difference of arrival）测距：利用到达角相位来测量基站与标签之间方位关系。PDoA 测距原理如图 5-13 所示。

（2）UWB 技术的应用场景

① UWB 数字钥匙。UWB 数字钥匙融合了 UWB、BLE（蓝牙）和 NFC 三种无线通信技术，利用 ToF（飞行时间）来精准测量车身锚点与数字钥匙之间的距离，可以提供 10cm 级的高精度位置感知能力。这也是该技术落地汽车场景的核心功能。

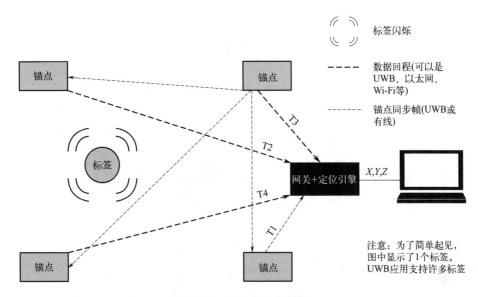

图 5-12　TDoA 测距原理图

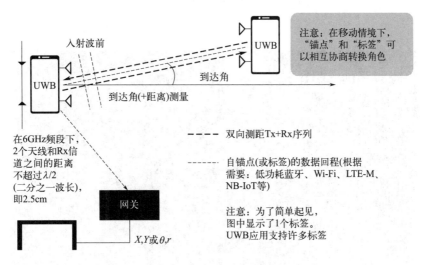

图 5-13　PDoA 测距原理图

UWB 测距功耗很高，无法像蓝牙一样能进行不间断的广播和连接。因此 UWB 测距功能是建立在蓝牙连接的基础上。蓝牙的功耗较低，在较远的地方，可以先进行蓝牙连接，进行身份认证、数据交互，并进行粗略的定位。继续靠近车辆，达到 UWB 测距的范围后（离车十几米左右），再开启各个锚点的 UWB 的测距功能，各个锚点进入工作状态，就可实现实时的定位。UWB 测距范围如图 5-14 所示。

② 自动泊车（AVP）。依靠更精准的感知、更强大的算力、更先进的算法，自

动泊车可实现智慧停车场内的低速自动驾驶、自主避障、智能搜索车位和自主车辆泊入泊出。车辆进入停车场，并自动寻找车位，是 AVP 功能的核心，如图 5-15 所示。

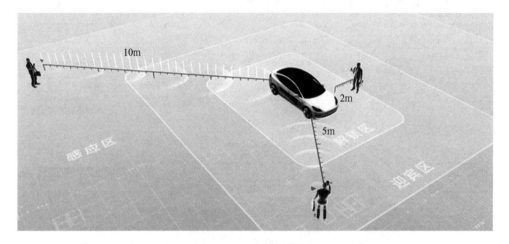

图 5-14　UWB 测距范围

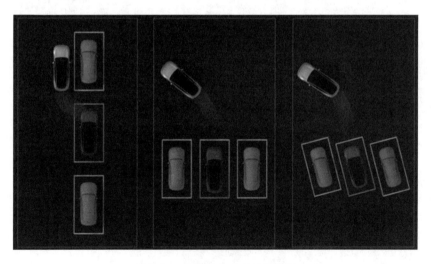

图 5-15　自动泊车（AVP）功能

AVP 技术路线主要有两种，一是通过增加车辆传感器来提升车辆自身的感知能力；二是通过对停车环境的改造，来实现不同车型的自主泊车。以赋能 V2X 为基础，借助停车场智能化改造，利用 V2N（车对云端）、V2I（车对基础设施）、V2V（车对车）等技术以及车辆现有的感知设备，可实现地下停车场、室内停车场中的自动代客泊车，打通 AVP、自动驾驶的"前端一公里"。

要想实现自动泊车，就要应用到 UWB 的定位算法技术。目前来看，UWB 的定位算法有 ToF、TDoA 以及 PDoA 三种，而 ToF 和 TDoA 是最常用的定位算法。在 ToF 测距算法基础上，精准计算出定位标签在室内的位置就有了可能，这就是 TDoA 算法的由来。TDoA 算法如图 5-16 所示。

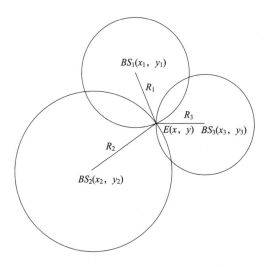

图 5-16　TDoA 算法原理

UWB 定位基站三个一组，一个主基站挂载两个分基站，分基站向主基站同步时间，这样可做到三个基站的时钟同步。在房间内，三个主基站的坐标分别是 $BS_1(x_1, y_1)$、$BS_2(x_2, y_2)$ 和 $BS_3(x_3, y_3)$，通过 ToF 算法，可轻松计算出 E 点离每个基站的距离 R_1、R_2 和 R_3。把基站的坐标代入公式即可计算出定位标签 (x_0, y_0) 所在的位置。

TDoA 算法精准度较高，最高可达到 30cm 的定位精度。当然在真实的环境中，由于金属、玻璃的干扰对超宽带信号同样有影响，在通过 TDoA 算法得出真实的距离后还需要利用滤波信号过滤信号杂音，以确保定位点的稳定。

③ 车内活体检测。车内活体检测通过 UWB 技术优秀的动态感知能力，运用多普勒原理探测到细微的动作变化，实时监测车内生命体征状态，包括动态人员动作和静态人体呼吸，提醒婴儿、宠物遗留，实现智能化的活体检测。目前的车内生命感知更多是运用摄像头进行识别，但存在隐私泄露风险，隐私越来越受重视的今天，运用 UWB 技术可以很好地规避这类风险。

车内活体检测则是通过复用车端 UWB 硬件，并匹配专门的 UWB 雷达算法来实现 UWB 活体雷达和 UWB 脚踢雷达等更多有趣的功能，而无须增加额外的成本。UWB 的车内活体检测技术包括至少两组超宽带天线和信号处理器，如图 5-17 所示。

- 至少两组超宽带天线，设置于停车区域的至少两侧，用于面向车窗向车辆

内部发射超宽带信号和或接收来源于车辆内部的超宽带信号;

- 信号处理器,用于获取超宽带天线接收到的超宽带信号,并根据超宽带信号的波动状态检测出车辆内部是否存在活体。

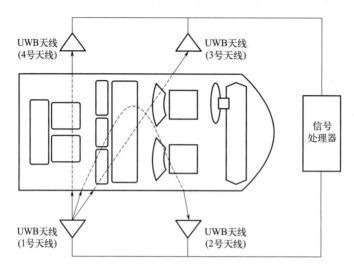

图 5-17　UWB 的车内活体检测技术

5.3.2　星闪技术

国际星闪无线短距通信联盟（星闪联盟）于 2020 年 9 月 22 日正式成立,旨在推动新一代无线短距通信技术的创新和产业生态。目前,星闪联盟已涵盖新能源汽车、智能家居、智能终端、智能制造等快速发展的产业链上下游及新场景应用。星闪（NearLink）技术是星闪联盟发布的新型无线短距通信标准技术,下面我们简单介绍星闪技术的特点、协议架构以及应用等相关知识。

（1）星闪系统的技术特点

① 低功耗。星闪技术采用了高效的功耗管理策略,使得设备在待机或低负载状态下可以显著降低功耗,从而延长设备的使用寿命。

② 低时延。星闪技术的传输时延非常低,这使得它非常适合需要实时性的应用场景,如在线游戏、实时音视频通信等。

③ 高速率。换而言之,既然配备了低时延,那就少不了传输速率高这一特点,其传输速率远高于传统的蓝牙和 Wi-Fi 技术。这使得它可以满足大数据量传输的需求,如高清视频流、大文件传输等。

④ 高可靠性。在日常的数据或信息传输过程中,因星闪技术具有强大的抗干扰能力,可以在复杂的电磁环境中保持稳定的连接。此外,它还支持多设备同时连接,提供了更高的灵活性。具体性能指标如表 5-5 所示。

表5-5 星闪技术的性能指标

项目	SLB 性能指标	SLE 性能指标
峰值速率	G 链路峰值大于 900Mbit/s（单载波 20Hz 带宽） T 链路峰值大于 450Mbit/s（单载波 20MHz 带宽）	支持 4.6Mbit/s 高保真立体声无损音频 支持 12Mbit/s 数据传输
时延	20μs	支持 250μs 完成一次交互
多用户能力	支持 4896 用户接入	支持 256 用户接入
安全性	.	高
网络覆盖及拓扑	—	最小 SINR：−3dB 支持一对一单播及一对多组播
抗干扰能力	Polar 数据信道编码 最小工作信噪比 −5dB（相比传统短距离实现覆盖增益 +3dB）	—
可靠性	正确率大于 99.999%	—

（2）星闪（NearLink）技术协议架构

星闪（NearLink）技术标准主要涉及 11 项联盟制定标准及 1 项引用标准。其中，标准［1］主要由星闪无线通信系统定义系统架构、组成；标准［2］规定接入层低功耗技术要求；标准［3］～标准［7］主要是对基础服务层定义了设备发现与服务管理、QoS、实时流传输与控制等；标准［8］对网络安全进行了通用规范要求；标准［9］对地址分配进行规范；标准［10］和标准［11］主要是测试规范、设备安全要求及安全一致性测试要求等，星闪接入层涉及一项引用行标。

星闪 Release1.0 系列标准如表 5-6 所示。

表5-6 星闪Release1.0系列标准示意图

序号	标准名称	分类
1	《星闪无线通信系统 架构》	架构
2	《星闪无线通信系统 接入层 低功耗技术要求》	星闪接入层
3	《星闪无线通信系统 基础服务层 多域协调与管理》	基础服务层
4	《星闪无线通信系统 基础服务层 传输与控制》	
5	《星闪无线通信系统 基础服务层 设备与服务发现》	
6	《星闪无线通信系统 基础服务层 QoS 架构与管理》	
7	《星闪无线通信系统 基础服务层 5G 蜂窝网络融合技术》	
8	《星闪无线通信系统 网络安全 通用要求》	安全
9	《星闪设备媒体接入层标识分配机制》	地址分配
10	《星闪无线通信系统 测试规范 接入层设备要求和一致性测试》	测试
11	《星闪无线通信系统 测试规范 接入层设备安全要求和一致性测试》	

星闪（NearLink）技术标准架构主要分为星闪接入层、基础服务层、基础应用层，涵盖底层接入、基础服务实现、上层应用、安全及测试指导。基于自下而上的星闪标准架构搭建，可实现更低时延、更低功耗、更广覆盖、更安全的连接技术。

星闪技术标准架构如图 5-18 所示。

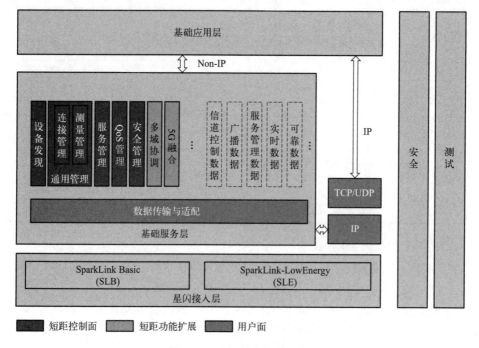

图 5-18 星闪技术标准架构

目前星闪连接技术通信场景从基础通信场景和功能区分，主要分为四种场景：G 与 T 通信、多域 G 间通信、TGT 中继通信、5G 融合通信。它可实现多节点、跨域等通信形式。星闪（NearLink）技术主要通信场景如图 5-19 所示。

（3）星闪技术的应用

① 星闪+数字钥匙：数字车钥匙通过近距离无线通信技术，如星闪，可以提高汽车解锁和上锁的准确性，精准定位车主位置，实现无感解锁，从而提升用户的使用体验，可以解决传统技术在数字车钥匙应用中存在的问题，如信号差、抗干扰性弱、信号延迟高等，为数字车钥匙提供更可靠的连接。

② 星闪+感知与定位：星闪技术的高精度定位能力可用于汽车感知和定位服务，通过星闪技术，车辆可以精准感知车主的位置，实现智能迎宾、智能解锁等功能。

③ 星闪+车载娱乐：星闪的低时延特性有助于优化车载娱乐系统，实现更低延迟的投屏办公、游戏体验，提升用户在车内的娱乐享受。问界电动汽车里那么多屏幕就是这么来的。

④ 星闪+主动降噪技术：星闪技术的低时延和高并发特性可用于主动降噪系统，提高系统对噪声的精准控制和定向拾音，改善车内的静谧环境。

⑤ 星闪+智能互联：星闪技术支持大量智能设备的互联，为汽车提供更强大的连接能力，促进车内外的信息交互和共享。

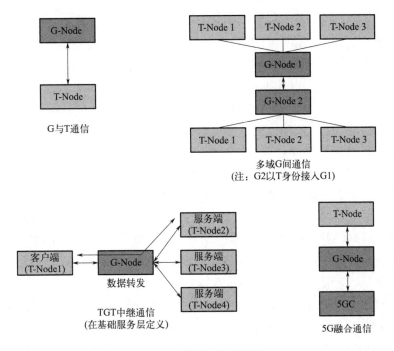

图 5-19 星闪技术通信场景

5.3.3 V2X 技术

V2X（vehicle to everything）即车联万物，涵盖车辆到车辆（vehicle to vehicle，V2V）、车辆到基础设施（Vehicle to Infrastructure，V2I）、车辆到网络（vehicle to network，V2N）等，是实现自动驾驶的关键所在。

目前通常有两种主要的技术来实现 V2X，分别是基于 WLAN 的专用短程通信（dedicated short range communication，DSRC）和基于 LTE 的 C-V2X（基于蜂窝移动通信系统）。DSRC 出现得更早，早期一直是美国推崇的，但 C-V2X 后来居上，它有更远的通信距离、更高的可靠性，部署成本低，兼容性高。

（1）DSRC 技术

① 无线局域网（WLAN）技术。WLAN 全称为"wireless local area networks"，中文叫无线局域网络，是一种利用射频（radio frequency，RF）技术进行数据传输的系统。该技术弥补了有线局域网络的不足，达到网络延伸的目的，使得无线局域网络能利用简单的存取架构让用户透过它，实现无网线、无距离限制的通畅网络。

WLAN 的 802.11a 标准使用 5GHz 频段，支持的最大速度为 54Mbit/s；而 802.11b 和 802.11g 标准使用 2.4GHz 频段，分别支持最大 11Mbit/s 和 54Mbit/s 的速度。工作于 2.4GHz 频带是不需要执照的，该频段属于工业、教育、医疗等专用频段，是公开的；工作于 5.15～8.825GHz 频段是需要执照的。

车载 WLAN 主要是作为连接热点来应用，和无线路由器及 CPE 功能一致，一般也包括 2.4GHz 和 5GHz 两个频段，同样也包括 IEEE 802.11b/g/a/n/ac/ax 的应用，或许将来也会有 Wi-Fi 6E、Wi-Fi 7 和 802.11ad 的应用。

② DSRC。DSRC 基于 IEEE 802.11p（又称 WAVE，wireless access in the vehicular environment），这是一个由 IEEE 802.11 标准扩充而来的通信协定。这个通信协定主要用在车用电子的无线通信上，其主要的应用方式为车辆到车辆（V2V）。DSRC 最大的竞争优势是启动早，早在 1999 年，美国联邦通信委员会就在 5.9GHz 区域为 V2X 留出了 75MHz 的带宽，美国、欧洲等已提出相关标准规格，经过十多年的发展历史，形成了成熟的产业链，并可以进入商用。

在采用 DSRC 技术的系统中，车子上装备有 OBU（on board unit/车载单元），相当于移动终端。并且 OBU 有比较强的数据处理能力，可以满足 DSRC 的特定需要。在路边部署的路侧单元 RSU（road side unit），与 OBU 相比除了具有基本通信功能外还拥有一定的管理功能并且接入后备网络。

车载 DSRC 系统包括车-路（V2R）通信和车-车（V2V）通信两种形式：车-路通信是车辆与路边基础设施的通信，属于移动节点与固定节点的通信，采用基于一跳的 Ad Hoc 网络模型；车-车通信是车辆间通信，采用基于多跳的 Ad Hoc 网络模型。两种通信方式被应用于不同领域。

（2）C-V2X 技术

① LTE。LTE（long term evolution）中文名叫通用移动通信技术的长期演进，是 3G 与 4G 技术之间的过渡，是蜂窝式网络中的一种。该技术主要有时分双工（time division duplexing，TDD）和频分双工（frequency division duplexing，FDD）两种主流制式，FDD-LTE 在国际中应用广泛，而我国比较常见的是 TD-LTE。

LTE 技术在汽车上主要用于 TBOX（车载终端）。这也是汽车上唯一一个能远距离通信的零部件，正是它的存在，汽车上才有了紧急呼叫、远程语音播报、远程启动空调等功能。

② C-V2X。C-V2X（C 是蜂窝 cellular）是基于 4G/5G 等蜂窝网通信技术演进形成的车用无线通信技术，包含 LTE-V2X 和 5G-V2X。从技术演进角度讲，LTE-V2X 支持向 5G-V2X 平滑演进。

C-V2X 是在移动通信标准化组织 3GPP 的推进下开始启动，目前正处于标准制定和技术积累的关键阶段。3GPP 在 2017 年制定了第一版的标准，目前形成以华为、高通、爱立信、诺基亚等通信产业链企业、电信运营商和汽车企业为主的产业阵营。

5.3.4 NFC 技术

近距离无线通信（near field communication，NFC）是一种短距离高频无线通信技术，允许电子设备在彼此非常接近的情况下进行非接触式点对点数据传输。

NFC 技术主要基于 RFID（无线射频识别）及互联互通技术整合演变而来，其工作频率通常在 13.56MHz。

NFC 设备通常包含一个 NFC 控制器和一个 NFC 天线。当两个 NFC 设备足够接近时（通常小于 10cm），它们可以通过各自的天线发送和接收射频信号。这些信号包含了设备之间交换的数据。

（1）NFC 的三种工作模式

NFC 的工作模式主要包括三种类型，如图 5-20 所示。

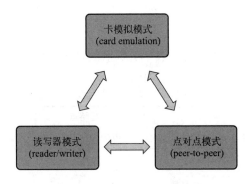

图 5-20　NFC 的三种工作模式

① 卡模拟模式（card emulation）：卡模拟模式下，NFC 设备可以模拟成一张智能卡，如公交卡、门禁卡或银行卡等。此时，其他 NFC 设备或读写器可以将此 NFC 设备识别为一张智能卡，并进行相应的操作，如读取卡片信息或进行支付。

② 点对点模式（peer-to-peer）：在点对点模式下，两个 NFC 设备可以直接进行通信，无须依赖其他设备或网络。这种模式下的数据传输速率较快，通常用于交换文件、联系人信息或同步设备设置等。

③ 读写器模式（reader/writer）：读写器模式下，NFC 设备可以作为一个读卡器或写卡器，读取或写入其他 NFC 标签或智能卡的数据。这种模式在例如票务、支付和身份识别等场景中有广泛应用。

（2）三种工作模式的区别

① 应用场景：卡模拟模式主要用于模拟各类智能卡，适用于支付、门禁等场景；点对点模式则适用于设备间的快速数据交换；读写器模式则主要用于读取或写入 NFC 标签的数据。

② 通信方式：卡模拟模式通常是一个 NFC 设备作为卡片被另一个设备读取；点对点模式是两个设备之间的直接通信；而读写器模式则是一个 NFC 设备作为读写器，另一个作为卡片。

③ 数据传输：在数据传输方面，点对点模式通常具有较快的传输速率，因为两个设备都是主动的，可以同时进行发送和接收。而卡模拟模式和读写器模式则通

常是单向的,即一个设备发送数据,另一个设备接收数据。

5.3.5 蓝牙技术

蓝牙技术是一种短距离通信的无线电技术,在我们生活中应用很广,除了早期的蓝牙耳机、蓝牙鼠标、蓝牙键盘等之外,现在蓝牙技术在物联网领域也早已司空见惯。不仅如此,蓝牙技术在车联网领域也是十分常见的,比如汽车胎压检测,就是装在轮胎气门嘴上的压力温度传感器通过蓝牙技术把胎压信号传给胎压监测控制器,用于车辆胎压显示和报警。

(1)蓝牙技术的特点

蓝牙技术的特点主要体现在如表 5-7 所示的几个方面。

表5-7 蓝牙技术的特点

序号	主要特点
1	蓝牙使用全世界通用的 2.4GHz ISM 频段,这个频段在世界无须许可即可使用
2	蓝牙装置微型模块化
3	蓝牙设备之间的数据传输无须复杂设定
4	数据传输速率高、传输距离远
5	具有很好的抗干扰能力

(2)蓝牙系统的组成

蓝牙系统由蓝牙模块、蓝牙协议、系统应用和无线电波组成。由于使用的波长特别短,蓝牙可将天线、控制器、编码器和收发器均集成在一个微型模块内,该模块简称蓝牙模块。

- 基带控制器:蓝牙模块中的关键模块,其主要功能是在 CPU 控制器中实时处理数据流,如对数据分组、加密、解密、校验、纠错等;
- 程序存储器:用于存放蓝牙技术的协议软件;
- 数据存储器:用于存放要处理的数据;
- 射频收发器:负责接收或发送高频通信无线电波;
- 收发器和串行接口:蓝牙模块与主机控制器连接的两种接口方式,可根据连接方式选择;
- 测试模块:除具有测试功能外,还提供有关认证和规范,为可选模块。

(3)蓝牙数据传输和数据安全

蓝牙模块将数据分成短而灵活的数据包,在每个数据包发送完成后,会改变发送和接收的频率,称为跳频技术(AFH)。

跳频技术是蓝牙保证信号安全、免受干扰的核心技术之一。它的工作原理是将 2.4GHz ISM 频段分为 40 个信道,每个信道间距为 2MHz,在每一次连接中,无线电收发器按一定的码序列不断地从一个通道跳到另一个通道，然后会以随机的方式改变发送和接收的频率。

蓝牙技术同时非常重视对传输数据的保护，如数据的处理和防窃听。低功耗蓝牙使用 128 位的密钥和 128 位的数据块来编织代码的，同时，蓝牙技术的有效作用距离比较短，对数据的处理操作也只能在这个范围内进行，这样也间接提高了数据的安全性。

目前，蓝牙模块的应用越来越广，从蓝牙 2.0、蓝牙 3.0、蓝牙 4.0、蓝牙 4.2 到现在的蓝牙 5.0，可以说是发展迅速。总的来说，蓝牙模块的技术越来越完善，体积越来越小，功耗越来越低（有些蓝牙模块使用一个 3V 纽扣电池或一对 AAA 电池就可以工作数年），同时传输速度越来越快，距离越来越远，安全性、抗干扰性越来越强。

随着蓝牙技术的发展，蓝牙将会越来越多地用在车辆上。如胎压监测传感器接收的数据可以由蓝牙传给相关设备；未来蓝牙技术还可以为车辆故障实现无线自动诊断；并且，结合互联网技术，可以实现车、路、人的联网管理，简称车联网蓝牙技术。

第 6 章

车联网（V2X）技术

6.1 车联网的应用场景与产业路径

6.1.1 车联网的应用场景分析

基于无线通信技术，车辆建立起了与万物之间的联通，这就是车联网（vehicle to everything，V2X）技术。车联网技术在城市智能管理方面发挥着很大的积极作用，能够很好地提升交通效率和行车安全性，同时车联网技术有助于自动驾驶技术的进步。下面我们将对车联网技术进行一番介绍，分析其实际应用场景。车联网应用场景分析的意义在于可以更好地保障整车控制，优化车辆运行环境。

汽车厂商要把握好智能技术应用方面的要点，依据车辆现有的智能化水平和自动驾驶能力开发应用场景技术模块，推动车联网的应用，创造一个更加安全高效的交通环境。

V2X 中的 V 指的是车辆，X 可表示多种事物，如车辆、交通基础设施、行人等，分别对应 V2V、V2I、V2P 等 V2X 技术的不同方面。车辆与外界之间互相传输电磁波信号，借此车辆可以获取到路况、车辆、行人等交通信息，从而做出更加准确的行车决策，这是 V2X 技术的本质。根据工业和信息化部的规划，在 V2X 技术的帮助下，到 2025 年，交通整体效率要有 30% 的提升，同时事故率和碳排放量分别要降低 80% 和 20%。

蜂窝车联网（C-V2X）技术基于蜂窝通信技术，是 V2X 技术的应用模式之一，在整个的 V2X 技术体系中居于关键位置。

在典型应用场景下，V2X 技术的作用体现得很明显，能够提高车辆的运行质量，形成非视距识别模式，同时结合 5G 技术实现远距离通信，对互联网连接进行实时处理，在雨、雪、雾等事故多发的极端天气下进行预警和红绿灯识别，尽可能保障行车安全。

根据物联网技术的要求和内容，V2X 技术可在信息服务、交通安全、自动驾驶等多个典型场景下得到应用。在 V2X 技术的帮助下，车联网将建立更为合理、效率更高的运行服务模式，对车辆、行人、设施等交通要素实现更有效的管理，营造稳定有序的交通运输环境，有力地促进交通安全。

（1）V2V

V2V 是车辆间的通信，借助车载终端来完成。车辆间实现信息交互有助于避免事故或降低事故发生的频率。V2V 的应用场景如图 6-1 所示。

① 紧急自动刹车预警。如果车辆行驶过程中需要进行紧急刹车，则该车会通过 V2V 通信向周围车辆传递其将要进行紧急制动这一信息。周边车辆收到信息后会判断前车的紧急制动是否会带来碰撞风险，如果确认存在风险则向驾驶员发出预警，帮助驾驶员及时避险。

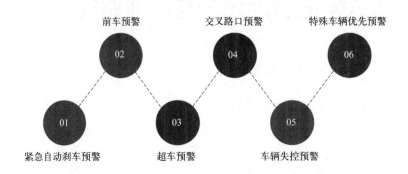

图 6-1 V2V 的应用场景

② 前车预警。车辆向周围车辆广播其基础信息,包括实时车速、所处位置等。广播信息还包括具体的驾驶操作,如是否将要进行变道等。周围车辆获取到信息之后将据此进行判定,如果存在车辆碰撞的风险则向驾驶员发出提醒,使其及时做出应对。

③ 超车预警。车辆向周围车辆广播本车的车速、位置等信息,并在加速和变道超车时对周围车辆发送相关信息。前车获得超车信息后向驾驶员发出预警,驾驶员得以及时采取相应措施避免碰撞的发生。

④ 交叉路口预警。在交叉路口行驶容易出现碰撞,车辆在交叉路口处会接收周围车辆发出的车速、位置等实时性数据,据此对碰撞风险做出判断,并向驾驶员发出预警,从而及时采取相应措施避免碰撞的发生。

⑤ 车辆失控预警。特殊气候环境会增加车辆失控的概率,如果车辆出现了失控的情况,车辆失控预警信息处理机制将向周围车辆发出警告,使其得以及时实施避险操作,防止发生交通事故,保障行车安全。

⑥ 特殊车辆优先预警。有时车辆在行驶过程中会遇到正执行公务的救护车、消防车、警车等特殊车辆,这种情况下车辆将建立联动模式,向周围车辆发送有关特殊车辆的信息,提醒其进行避让,确保特殊车辆通行顺畅,保证重要公务不受妨碍。

(2) V2I

V2I 是车辆与道路基础设施之间的信息交互,引导车辆以合理的方式运行,避免或减少交通资源浪费。具体来说,V2I 的应用场景如图 6-2 所示。

图 6-2 V2I 的应用场景

① 路面异常预警。道路终端会向经过的车辆发送与道路有关的信息，包括道路上出现的特殊情况，如结冰、施工、障碍等。车辆得到道路存在异常情况的信息后，系统会将信息及时反馈给驾驶员，使驾驶员得以采取相应措施避免危险的发生。

② 事故预警。道路上发生事故的地方会出现交通拥堵，并且有再次发生事故的隐患，道路终端会定时向车辆更新事故现场的实时信息，车辆得到信息后反馈给驾驶员，使后者得以避开事故现场所在路段，避免浪费时间，同时保障行车安全。

③ 急转弯车速预警。在车辆将要经过急转弯时，路面终端会向车辆发送限速信息，车辆收到车速预警信息后将其反馈给驾驶员，使后者得以及时降速，从而安全地通过急转弯，避免事故发生，保障行车安全。

④ 违章信息预警。近年来，汽车保有量的迅速上升使道路安全问题日益凸显，为此交通管理部门安装了许多监控设施来监控车辆和路面。不过，目前的监控设施还存在一些不尽完善的地方，被一部分守法意识淡薄的驾驶员钻了空子，他们在未安装监控摄像头的限速路段无视限速规定，超速行驶，带来极大的安全隐患。

此外，还有一些驾驶员会驾驶车辆违规占道，比如占用高速公路上的应急车道以及城市中的公交车道等，这些占道行为会严重妨碍正常的交通运行，但很多时候无法被监控到。采用 V2I 技术，能够对违章信息形成实时性记录。根据车辆终端发来的车辆实时速度和位置等信息，道路终端会使用运算服务器来计算和评估车辆的违章情况。在信息处理模式的帮助下，交通管理部门将建立起确定的规范，以此来对驾驶行为的安全性进行实时分析和评估，对驾驶过程形成有效控制。

⑤ 交通信息广播。利用智能交通系统，对信息进行实时性的汇总和处理，并形成相应的模式。如果道路终端检测到某个路段拥堵情况格外严重，那么车辆广播系统就会向周围的车载终端发出提醒。驾驶员通过车载终端得知拥堵情况后会选择绕行，节省自己时间的同时也有助于缓解交通拥堵。

（3）V2P

V2P 即车辆与行人之间的通信，围绕此方面通信形成车联网应用控制模式，以更好地进行实时性管控，最大程度上优化信息分析的效果。V2P 包括行人终端和车辆终端，在行人碰撞预警模式下，行人终端会将行人的速度和位置等实时信息广播给周围车辆，车辆通过车辆终端接收行人的实时信息并进行风险评估，如果存在碰撞风险，则驾驶员和行人都能收到预警，有效保障行人和车辆的安全。

6.1.2 车联网的应用场景参数

以时延和频率来划分，车联网技术的应用场景参数有 2 种，分别是低时延、高频率，高时延、低频率。

（1）低时延、高频率

下面我们将列举不同的场景下，V2V 通信类型的参数，参数主要包括频率、最大时延、定位精度、通信范围 4 项：

① 前向碰撞预警、逆向超车碰撞预警场景下，4 项参数分别为 10Hz、100ms、1.5m、300m；

② 盲区/变道辅助、紧急制动预警场景下，4 项参数分别为 10Hz、100ms、1.5m、150m；

③ 交叉路口碰撞预警、左转辅助场景下，4 项参数分别为 10Hz、100ms、5.0m、150m；

④ 高优先级车辆让行/紧急车辆信号优先权、车辆失控预警、道路危险状况提示场景下，4 项参数分别为 10Hz、100ms、5.0m、300m。

此外，在 V2P 通信类型中，弱势交通参与者预警场景下的 4 项参数分别为 10Hz、100ms、5.0m、150m。

（2）高时延、低频率

下面是 V2V 通信类型各场景下的频率、最大时延、定位精度、通信范围 4 项参数：

① 基于信号灯的车速引导场景下，4 项参数分别为 2Hz、200ms、1.5m、150m；

② 限速预警场景下，4 项参数分别为 1Hz、500ms、5.0m、300m。

此外，在 V2I 通信类型中，智能汽车进场支付场景下的 4 项参数分别为 1Hz、500ms、5.0m、150m。

（3）V2X 测试评价

按照相关标准对 V2X 的应用实施测评，对 V2X 的实际应用效能有一个相对全面的认识，确定 V2X 的应用能够在合理性和规范性上达到要求，有助于 V2X 的推广。V2X 应用测试主要有以下几个方面。

① 开放道路实测。选择一段道路作为封闭试验场，在此进行 V2X 应用的测评。测试要用到 5G 通信技术，以及无线网络、智能红绿灯、微波雷达检测器、智能路测单元（RSU）等网联设备。测试路段要涵盖多种道路类型结构和场景，包括 Y 路口、T 字路口、十字路口、交叉口、道路出入口、环岛、公交车站等，每种道路类型有对应的测评工作。

V2X 包含场景设备集成处理、通信设备集成处理、高精度地图与高精度定位处理、数据中心处理等多种功能，要运用每种功能的应用模块开展 V2X 实际应用效果的测评。举例来说，在高精度地图与高精度定位处理中，要注意综合利用车载设备、差分增强定位系统、V2X 设备高精度地图集成，与数据中心之间建立稳定有效的连接，从而做到实时性地对数据进行汇总。

② 暗室整车仿真测试。在微波暗室的环境下，对智能网联汽车进行测试分析，测试内容有射频性能、车载定位性能、紧急呼叫功能、信息安全等。在办公自动化暗室中，对仿真控制模拟的结果和参数进行分析，由此获得车辆的实际信息数据并对其做出评估，有助于后续对车辆进行合理的引导。

从具体的应用场景出发，对 V2X 的实际应用价值做出评估和分析：驾驶员及时注意到安全提示信息，能够更好地进行整车控制，使车辆运行更加安全和高效；为无人驾驶模式的实现打下更坚实的基础。

6.1.3 车联网产业的政策体系

党的二十大报告对建设现代化产业体系做出了突出强调和明确部署，现代化产业体系建设要立足于实体经济，高端化、智能化、绿色化是制造业的发展方向。战略性新兴产业处在现代化产业体系中的关键位置，应大力支持和推动战略性新兴产业的发展，并形成产业集群效应。新一代信息技术、人工智能、新能源、高端装备等战略性新兴产业将成为新的经济增长点。

车联网产业符合制造业高端化、智能化的发展方向，与新一代信息技术、人工智能等战略性新兴产业有着较为紧密的联系。车联网产业的发展将推进汽车的网联化、智能化，有助于汽车这一重要传统产业的转型升级，对于建设制造强国和交通强国、实现高质量发展有着重要的推动作用。

车联网在智慧城市和智能交通的建设和发展中起到关键作用。国家对车联网给予了高度重视，并提供了相应的引导和支持，这样的引导支持既体现在较为宏观的顶层战略上，也体现在相对具体的技术路径上。

顶层战略上，2019 年 9 月，中共中央和国务院印发了《交通强国建设纲要》，强调要大力发展智慧交通，在交通行业应用互联网、大数据、人工智能等新技术，凸显了技术对智慧交通建设的重要驱动作用。

2020 年 10 月，国务院办公厅印发了《新能源汽车产业发展规划（2021—2035年）》，提出要推动产业融合发展，新能源汽车与信息通信的融合发展是产业融合发展的其中一个方面，要发挥数据的纽带作用，实现"人-车-路-云"的高效协同。

2020 年 2 月 24 日，国家发展改革委、工信部、科技部等 11 个部门联合发布了《智能汽车创新发展战略》，提出推进智能化道路基础设施建设，强调 5G 与车联网建设之间应具备协同性，道路基础设施、智能汽车及服务、交通管理系统等几个关键要素之间应实现互联互通。

顶层战略给出了整体的发展方向，技术路径则提供了更为具体的技术层面上的指导。2018 年，工业和信息化部、国家标准化管理委员会两部门联合印发了《国家车联网产业标准体系建设指南（智能网联汽车）（2018 版）》，将信息通信作为车联网产业标准体系建设的重要着眼点，将 LTE-V2X、5G 等先进通信技术用于车联网产业。

标准体系建设完成后，将在产业中发挥引领作用，将相关的数据资源整合起来加以充分利用，以此为基础建立起大数据和服务平台，以平台为依托，各部门和行业间的数据流通将变得更加便捷和高效。

2023年，各部委密集出台了车联网各领域的有关政策，商业化探索是这些政策的一条重要主线。2023年4月，工信部、中央网信办、国家发展改革委等8个部门联合发布了《关于推进IPv6技术演进和应用创新发展的实施意见》，提出推进"IPv6+"技术在行业中的深度融合应用，智慧交通是融合应用涉及的领域之一，推动交通基础设施沿着数字化、智慧化的方向实现转型。IPv6包含海量的地址资源，能够完成高质量的网络传输，可以在智慧交通中发挥重要作用，帮助数据网络实现精准定位，提升数据网络的效率和安全性，同时IPv6还能够在智能交通方面推动车路协同网络建设。

2023年11月，工信部、公安部、住建部、交通运输部4个部门联合发布了《关于开展智能网联汽车准入和上路通行试点工作的通知》，针对智能网联汽车的准入和上路通行开展试点，参与试点的智能网联汽车应具备量产条件，且搭载有自动驾驶功能，试点在限定的区域内进行。试点工作可以为智能网联汽车功能、性能以及生态的优化提供参考，让智能网联汽车更快地融入智能交通系统。

6.1.4　我国车联网商业化应用

车联网产业已经建立起相对完整的产业链，产业链的组成部分包括芯片模组、终端、整车、安全、测试验证、高精度定位、地图服务等。各环节积极展开合作，发挥协同作用，在创新方面取得了可观的成果和进展。

车辆方面，企业在车路协同技术领域深入探索，持续加大研发力度，扩展车辆配置中的车路协同功能。据中国汽车战略与政策研究中心发布的数据显示，在2023年1~11月这一时间段内，有80%以上的新上市车型在其最高配版本中加入了车联网功能。

例如，2023年7月，福特公司在长春发布了C-V2X车路协同服务，锐界L、全新探险者、电马等多款福特旗下车型的用户可借助OTA升级的方式获得车路协同功能，具体功能有红绿灯信号推送、"绿波车速"、绿灯起步提醒、闯红灯预警、道路信息播报、电子路牌六种，使用范围涵盖了长春主城区的150多个路口。

2023年11月，联通智网科技、苏州工业园区、中汽中心、沃尔沃公司等企业、政府和科研机构联手，发布了"中国联通5G+AI智慧泊车服务系统"，这一系统采用了车路云一体化的方案，综合架构为"平台+路侧+5G/MEC+APP+北斗"，以广泛应用于量产车上的L2+组合辅助驾驶系统为基础，将自动驾驶的级别提升到L4级，实现自动泊车服务。

网络方面，5G技术取得了很大的突破，实现了低延迟、高带宽通信，同时在通信可靠性方面表现出色，这使得它在车路协同领域得到了广泛的应用。2023年8月，华为与中国移动合作，围绕建立在5G商用网（全Uu空口）上的车联网开展测试，通过测试形成了相关数据，这些数据将提供一种参考，对实现 5G 车联网商用起到支撑作用。基于 5G 的车联网服务能够提供多种实用性较强的应用服务，包括绿灯车速引导、限速预警、道路信息提示等，这些服务在全城范围内都是可用的。

为了支持车联网产业的发展，我国大力推动相关基础设施的建设，开展车联网的示范应用，在车联网的商业探索上取得了一定的进展和成果，车联网的商业化进程持续推进。

在技术实现商业应用的过程中，基础设施起到支撑作用。我国积极推动智能交通基础设施的建设，打造智能化程度更高的交通环境。据工业和信息化部于 2023 年 11 月 22 日发布的数据显示，截至 2023 年 10 月末，我国的 5G 基站总数为 321.5 万个，5G 网络建设呈现出稳步推进的态势，不断地在更大的范围内实现 5G 网络覆盖，路侧感知和边缘计算能力的强化对车联网应用起到支撑作用。

我国重视车路协同以及相关领域的示范试点工作，住房和城乡建设部、工业和信息化部开展了"双智"试点。"双智"分别指的是智慧城市基础设施与智能网联汽车。2021 年的 5 月和 12 月分两批次确定了 16 个试点城市。试点工作致力于推进车、路、云等领域的协同，确立可广泛应用的商业模式。

2023 年 12 月 13 日，住建部和工信部主持召开了"双智"试点的工作交流会，会议上交流了试点开始两年多以来各试点城市在基础设施建设和平台搭建上取得的进展。比如，上海市嘉定区实现了"双智"相关基础设施和平台的全域覆盖，建造完成集成化车城网数据基座，其"大流量、高动态、高复杂"的高速公路场景在全国范围内具有开创性意义；北京在 160km² 的范围内，实现了智能网联道路和智慧城市专网的全覆盖，另外在数据集方面取得了突出成果，试点期间发布的车路协同共享数据集和自动驾驶真实异常事件数据集，都在全球范围内实现了零的突破；武汉在测试规模上表现较为突出，9 次延长开放测试道路里程，总里程数达到了 1846km，开放测试道路里程数和开放测试区域数均为全国之最，并且完成了多个领域的创新性突破，包括跨区通行、跨江通行、机场高速通行等。

车联网的商用化已经可以预见，在车、路、云、网、图等车联网的各个领域，技术创新处于不断推进当中，在自动驾驶、网络感知、云计算等多个方面展现出越来越高的技术水平，对车联网的应用起到推动作用。城市级"车 - 能 - 路 - 云"的融合和一体化需进行相应的试点，"车 - 能 - 路 - 云"的创新发展则需要完善的基础设施和充足的要素资源，将来我国会从这些方面入手继续支持车联网产业的发展。

与车联网有关的示范试点工作持续进行，在跨区域和跨城市的层面上，推进车联网基础设施建设，布局车联网的应用。发挥试点工作中重点城市的带头作用，重点城市有着较为完善的配套设施，较为强劲的创新活力，能够实施有效的监管。在这些城市将出现一批城市级车联网应用示范项目，这些项目之间具备统一的架构和标准，能够实现业务上的互通，在安全性和效率上表现出色。重点城市是车联网平台和设施建设的重要阵地，在此可培育出成熟的、符合可持续发展需要的商业模式。对于我国来说，发展车联网产业，在产业转型升级、实现交通强国等多个方面有着重要的意义。

6.2　5G 车联网的体系架构及其应用

6.2.1　5G 技术赋能车联网发展

近些年来，我国的汽车保有量稳步上升，汽车数量的持续增加带来了一系列问题，比如交通拥堵导致出行效率下降、交通事故发生频率增高、汽车尾气排放造成环境污染等。面对这些问题，人们将目光投向了车联网。车联网即车辆物联网，是物联网技术的一种应用形式。车联网依托于一定的通信技术，通过车内网、车际网、车载移动互联网，建立车与车、人、路、网之间的网络连接。

目前，车联网技术的体系还不成熟，这要归因于未得到足够的网络支持。移动互联网呈现出高速发展的态势，5G 移动网络的普及程度也越来越高，然而在车联网中，移动通信的用户是车辆，以车辆这一移动的对象作为拓扑节点形式组织移动网络拓扑，会遇到许多车载通信方面的问题，比如只能在有限的区域内移动、网络需要经常接入且很容易中断、通信环境的复杂程度较高等。

5G 是继 4G 之后的新一代移动通信技术，相比于 4G，其在流量密度、连接数密度、能耗等方面有了明显提升。3GPP 组织定义了 5G 的三大应用场景，分别为 eMBB（增强型移动宽带）、uRLLC（高可靠低时延通信）和 mMTC（大规模机器通信），三大应用场景可支持高清视频、工业控制、自动驾驶、智慧城市、智能家居、万物互联的物联网等业务，如图 6-3 所示。

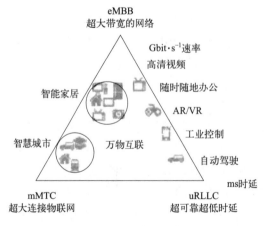

图 6-3　5G 三大应用场景

不同的应用场景对通信技术的性能指标有着差异化要求。5G 运用了多项先进技术，包括大规模天线阵列、超密集组网、全频谱接入、新型多址技术、认知无线电等，建立起灵活性更高的体系结构，可以更好地适应多样化应用场景的需要，这是其相比于 3G、4G 的重要进步。

5G 网络致力于始终保持终端用户的联网状态，这一点在智能网联汽车的应用领域有着重要意义。在时延较低、移动性较高的车联网场景中，5G 能够针对车联网存在的问题给出可行的方案，提升车载单元（OBU）在高速移动状态下的性能。另外，车联网使用 5G 不必另建通信基站和服务基础设施，从而大大降低成本，有助于车联网的普及和推广。

目前，国内已开始从 5G 入手进行车联网的研发和建设，尝试建立"基于 5G 的平行交通体系"。5G 连接起了端、管、云，在车、路、云之间建立了协同关系，使其相互之间可以实时进行信息交互，由此形成一种新型交通体系。车端、路端、云端在这一新型交通体系中分别承担不同的职责，车端和路端分别负责从交通工具和基础设施入手构建智能交通。具体来说，车端通过智能驾驶系统、智能物流系统实现交通工具的智能化；路端通过全方位数字化镜像映射交通系统实现基础设施的信息化；云端则负责从全局出发，对智能交通进行一体化管控。

6.2.2 车联网对 5G 网络的需求

（1）车联网网络需求

在未来，车联网将按照"智能 + 网联"的路线向前发展，有效地提高交通效率，大幅减少交通事故的发生，显著降低排放量。此外，智能交通的发展将在一定程度上影响车联网的未来发展趋势，车载信息生活、智能安全驾驶、绿色安全出行将成为车联网的主要发展方向，这三个方面对网络有着不同的需求。车联网中业务的网络需求指标如表 6-1 所示。

表6-1 车联网中业务的网络需求指标

业务类型		业务描述	通信指标
安全类	车辆透视	前面的车辆将传感器信息发送给后面的车辆，使得后面的车辆对前端的交通状况可视	时延：≤ 100ms；通信距离：≥ 30m；可靠性：> 99%
	交通设施监测	对交通基础设施（例如红绿灯、路灯、路牌）等进行监控检测，如发现异常及时上报	时延：≤ 500ms；通信距离：≥ 300m；连接数：> 100000
	自动驾驶	车辆利用车载感知系统结合 C-V2X 网络通信获取车辆位置、周围车辆信息、道路信息等环境信息	时延：≤ 10ms；通信距离：≥ 300m；可靠性：> 99.999%

续表

业务类型		业务描述	通信指标
效果类	交通监管	交通管理服务实时地监控交通状况,并对信息报告消息进行处理,该消息来自车辆以及安装在道路关键点上的视频监控设备	时延:≤100ms; 通信距离:≥300m; 可靠性:>99%
	车位共享	对车位及车辆信息进行收集,按需对车位进行分时共享,充分利用空间资源	时延:≤500ms; 通信距离:≥300m; 连接数:100000
	编队行驶	车队之间通过信息交互,按照一定的秩序和规则进行编队,同步进行加速、减速、制动、延时转弯等	时延:≤10ms; 通信距离:≥300m; 可靠性:>99.999%
信息服务	车载 AR/VR	车辆通过公网基础设施接入网络,获得多媒体内容,实现观看高清视频、视频会议、车载游戏等业务体验	时延:≤500ms; 通信距离:≥300m; 可靠性:>99%
	车辆防盗	车辆盗抢检测系统一旦触发,服务中心经进行确认后,通过电话或短信通知车主盗抢事件发生	时延:≤500ms; 可靠性:>99%; 连接数:100000
	动态高精度地图	车辆通过基站设备接入网络,实现高精度地图的下载、实时更新等业务	时延:≤100ms; 通信距离:≥300m; 可靠性:>99.999%

(2)车联网业务需求

将交通网、信息网、能源网融合到一起,借助智能驾驶汽车等采用新型技术的交通工具,构建车、路、云之间的智能协同,形成一体化智能交通服务,建立新型交通体系。这一"车-路-云"协同的新型交通体系上文已经提到并进行了介绍,这里不再重复。

C-V2X 车联网技术由 LTE-V2X 和 NR-V2X 组成,在它的支持下,车与车、车与路之间能够进行直联通信,由此智能交通得以实现效率更高、可靠性更强的网络服务。国家从政策层面对 C-V2X 给予了一定的支持。2018 年 11 月,工业和信息化部向各地无线电管理机构印发《车联网(智能网联汽车)直连通信使用 5905~5925MHz 频段管理规定(暂行)》,规定 5905~5925MHz 这一频段为 LTE-V2X 车联网的工作频段。

C-V2X 能够实现车与车之间以及车与路之间的区域性通信,不过受限于频谱和功率,无法进一步扩展业务应用范围。而 5G 拥有较宽的带宽、较高的连接速率、较低的时延以及较强的可靠性,这些优势使得其能够在智慧交通的建设中发挥重要作用。5G 推动了许多种智慧交通应用的出现,包括车载 AR/VR、自动驾驶、绿波通行等。如果能将 5G 与 C-V2X 结合在一起,网络的覆盖范围将大大增加,达到无缝覆盖的程度,由此车、路、云之间可从多个维度进行高速的信息传输。

未来车联网的架构体系由终端层、网络层、平台应用层三个层级组成,呈现出智能的立体化架构。终端层也被称为基础设施层,在智能交通中扮演的是神经末梢的角色,负责对道路实施全面的感知和预测,获取相关数据,并采用结构化的方式进行数据处理。网络层位于架构的中间位置，是衔接终端层和平台应用层的桥梁，终端层的结构化数据通过网络层到达平台应用层，同时网络层还负责按照业务需求提供网络资源。处于最上层的平台应用层扮演的是车联网大脑的角色，连接管理、业务管理、应用服务等都由平台应用层负责。依托"端-管-云"架构，还可以运用数字化手段在云端进行地面交通状况的仿真，在人工智能的帮助下有效提高智能交通业务的应用效率。

6.2.3 5G 车联网的关键技术体系

（1）RSU 部署

V2X 中的 RSU 可以收集路况信息，并将信息播送给车辆或基站，对交通流量实施管理。据工信部发布的有关频谱的规定，RSU 在 5.9GHz 的频带上占用的带宽为 20MHz，其最大发射功率为 29dBm，覆盖范围受到环境的影响在 100～1000m 这一区间内发生浮动。RSU 可以集成 5G 通信，与网络之间进行实时互动，由此上层应用平台可以对数据进行收集、分析、处理等一系列操作。包括摄像头、雷达在内的路边感知设备可以为 RSU 提供信息，RSU 获取到信息后可转换信息的格式，并对信息进行结构化处理，进行数据回传、处理、分析。RSU 可以与 5G 蜂窝集成，如果是在人口密度较大的城区，一个基站即可进行 4 个 RSU 的数据回传。

（2）基础设施信息化

在 5G、大数据、人工智能迅速发展的技术背景下，数字孪生城市这一概念应运而生。在新一代信息技术的支持下，智能化设备和网络虚拟空间之间可相互映射，建立协同关系，进行信息的交互，而后从数据、软件、平台等方面入手，从物理世界采集信息，进行各项资源的配置，做出实际的行为决策。基于数字孪生化的交通基础设施信息化如图 6-4 所示。

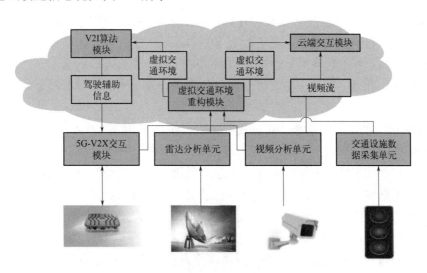

图 6-4 基于数字孪生化的交通基础设施信息化

数字孪生手段的车联网基础设施信息化，遵循的是"端 - 管 - 云"的架构体系。

架构体系中的"端"是物质实体，存在于现实世界中，包括各种部件、设备和设施，如雷达、摄像头、OBU、交通设施等。在城市中，"端"的实体元素扮演神经节点的角色，借助传感器或V2X等手段从环境中获取信息，同时它们还是城市功能的实现载体和人机交互的窗口，因此在运营智能化设备时要借助AR/VR等新型人机交互技术。

架构体系中的"管"由通信网络组成，包括车内网、蜂窝网、V2X通信等，是数字孪生城市中的信息传输渠道，在实体元素和网络虚拟单元之间建立起连接，使两者之间得以进行相互映射。基于信息传输的需要，通信网络应拥有较大的带宽、较低的时延、较强的可靠性，并且能够进行海量连接，而包括5G、eMTC、V2X在内的新一代通信技术可以较好地满足以上要求。

架构体系中的"云"是虚拟世界中的管理和运营单元，其管理对象包括连接、数据、业务等。借助人工智能技术，可在云端形成"城市大脑"，基于大数据的建模和分析结果，进行思维活动和行为决策。

需要注意的是，交通基础设施、感知设施等所采用的数据格式可能会出现不统一的情况，解决方法是实施统一的协议转换，同时对信息进行结构化处理，由此实现云端的数字孪生映射。

（3）人工智能与大数据

智慧交通核心收集大量的交通数据，结合数据及人工智能技术控制交通环境并做出决策。数据即服务（data-as-a-service，DaaS）是大数据的产物，具有较快的速度、较强的实时性以及较为出色的预测能力，对于智慧交通的建设有着重要意义，可以提高交通管理的深度。人工智能在智慧交通中起到关键作用，可以帮助城市大脑做出核心决策。

2017年，阿里巴巴发布了杭州城市大脑1.0，其覆盖范围包括杭州的128个信号灯路口。城市大脑的使用，显著提高了试点区域的交通效率，将通行时间降低到原来的84.7%，萧山的救护车仅需花费原来时间的一半就可以到达现场，更好地实现及时救治。此外，城市大脑会针对异常情况进行视频实时报警，报警的准确率超过95%。

2018年，杭州城市大脑2.0正式发布，其覆盖范围是1.0版本的28倍，达到了420km²，超过200名交警可在杭州城市大脑2.0的指挥下开展其日常工作。大数据和人工智能在智慧交通平台的建设中起到关键作用，另外在这个过程中也应当重视互联网思维的运用，借助网络平台为智慧交通建设吸纳更多的人才和资源，促进智慧交通的开放化、多元化发展。

（4）高精度定位

智能交通和自动驾驶离不开车辆高精度定位，C-V2X的服务对象已从辅助驾驶转向自动驾驶，相应地C-V2X将面对新的性能上的要求，具体涉及速度、时延、可靠性、通信范围、定位精度等多个方面。其中，定位信息在车联网业务安全保障中起到关键作用，服务于不同的环境和定位需求。定位方案包括多个种类，最基本的定位方案是 GNSS 或者其差分补偿 RTK 方案。由于无法在隧道或密集城市等场景下保持良好的性能，GNSS 只用于室外环境。基于传感器的定位方法也比较常见，不过传感器定位所需成本较高，对环境较为敏感，对于地图的绘制和更新有着较高的要求，这些都是此方法普及推广的阻碍因素。

不管是 GNSS 还是传感器，都无法凭借单一技术保持定位性能始终处于较高水平，因此为了获得更高的定位精度和稳定性，一般要与惯性导航系统、高精度地图、蜂窝网络等进行结合，通过 RTK 数据和传感器数据传输、高精度地图下载等方式提升定位性能。此外，5G 也可用于车辆高精度定位，尤其是室内场景。

根据以上对几种常用的定位技术进行的分析可知，车辆高精度定位一般不会采用单一定位技术，而是将多种技术融合起来以更好地适应不同场景和业务的需求。定位的具体操作大致如下：通过测量蜂窝网信号、卫星信号、局域网信号得出原始观测值，借助三角算法计算出定位信息；惯性导航负责计算加速度和角速度，计算时用到的工具为加速度计和陀螺仪；传感器负责收集点云和图像信息，用到的工具为雷达和摄像头，并基于获取到的地图数据采用地图匹配的方式得到定位信息；最后使用融合滤波算法对各部分得到的定位信息进行处理，让定位精度得到最大程度的提升。

6.2.4　5G 车联网的典型应用案例

车联网的众多业务场景都是为人们的出行服务的，旨在更好地保障出行安全，提升出行的便捷性。近年来，车辆、行人等交通参与者的数量持续增加，交通环境日益复杂，出行方式和出行需求变得越来越多样化。应对以上形势，车联网业务应用呈现出数字化、智能化和多元化的趋势，涉及车端、路端、服务区等多个方面。车端业务应用有无人驾驶、公共交通，路端业务应用有路况实时监测、一体化治理超速，服务区业务应用有 ETC 无感支付。多样化的智慧交通业务需依托于多方参与的行业平台。

（1）智慧路况监测

以 5G 和 V2X 为基础建立智能路况监测平台，通过平台可提供的业务包括道路环境监控、流量分析、智慧执法等。智能路侧设备可以采集各种路况信息，包括路面结冰、雾霾天气等特殊天气下的路面状况，施工维护、车道异物等路面上出现的异常情况，以及隧道实景等特殊路段的信息。云平台接收到由 5G 网络上传的路况信息后做出分析决策，随后 5G 网络和 C-V2X 将路况信息传递给包括车辆和行人在内的交通参与者，针对极端天气、道路异常状况、交通标志等发出预警。智能路况检测平台也可协助交通运输部门开展工作，用于道路精准监控、智能交通流量分析、交通事件预警、违章抓拍等，由此交通运输部门可对道路交通实行更加有效的管理，打造更加安全高效的交通环境。

智能路况检测平台由信息采集层、信息传输层、信息决策层三部分组成。

① 信息采集层。信息采集层负责信息的实时采集，采集要用到路侧设备，及时发现道路上存在的异常状况，并实施相应的交通管控。路侧设备主要包括四种，每种设备有对应的功能，如表 6-2 所示。

表6-2 路侧设备的功能

路侧设备	主要功能
摄像头	主要功能是对车辆、行人、障碍物等进行实时识别
微波检测器	负责交通运行状态的感知
气象站	用来获取天气方面的信息，并监测不同天气下的路面条件
智能红绿灯和电子路牌	负责采集信号灯显示和道路限速方面的信息

② 信息传输层。信息传输层负责传输采集到的信息，以及在车、路、云之间进行信息交互，两项工作分别借助 5G 网络和 LTE-V 来完成。

③ 信息决策层。信息决策层由 MEC 边缘云和中心云平台两部分组成。MEC 面向的是低时延的业务，它可以实现向网络层的下沉，对低时延业务进行实时分析，并且在很短的时间内做出决策。中心云平台负责将各种类型的信息汇总起来，制定路径规划，对路径实施一定的管控，另外中心云平台还会针对驾驶行为做出分析。

智慧路况监测系统业务流如图 6-5 所示。图 6-5（a）为上行业务流，摄像头等路侧感知设备与 5G 终端之间建立起对接，由此可以使用 5G 网络，将信息传至智慧交通业务平台；图 6-5（b）为下行业务流，借助光纤，RSU 设备与智慧交通业务平台之间建立起了连接，可将平台获取的实时路况信息发送给车辆，如果检测到有异常或紧急情况，可经由车载终端或是手机 APP 发出预警。除了光纤之外，5G 或 LTE-V 蜂窝网络也可用于 RSU 设备与智慧交通业务平台的连接。

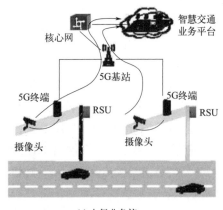 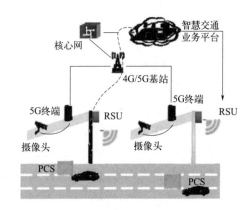

(a) 上行业务流　　　　　　　　　(b) 下行业务流

图 6-5　智慧路况监测系统业务流示意图

（2）智慧高速编队行驶

智慧高速编队行驶是在高速专用道路上，多车连在一起形成编队，以队列的形式向前行驶。队列中领头的车辆采用的驾驶方式是有人驾驶或无人驾驶，如果是无人驾驶则需要符合一定的条件；跟随的车辆采用的是无人驾驶，能够进行实时的信息交互。

基于 5G 网络的编队行驶解决方案如图 6-6 所示，摄像头、雷达等传感器负责感知和收集车辆周边环境的信息；OBU 用于车与车、车与路之间的信息交互；平台根据 5G 终端上传的环境信息和车辆状态信息进行决策，将决策下达给车辆；车辆参照平台的决策对路况进行识别，对车速和方向进行调整。5G 网络的时延在 10ms 以下，下行带宽和上行带宽分别为 500Mbit/s 和 100Mbit/s，时延和带宽方面的优势使得 5G 网络能够帮助车辆以更低的油耗实现更高的物流运输效率，让驾驶变得更加环保和高效。

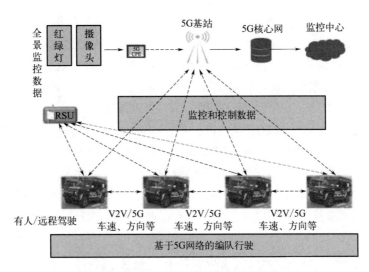

图 6-6　基于 5G 网络的编队行驶解决方案

（3）远程驾驶

基于 5G 网络的远程驾驶系统由三个层级组成，即远程车端、产品、5G 终端，其中产品配备有摄像头、雷达，并且能够实现高精度定位。远程驾驶系统的驾驶舱由显示屏、驾车控制组件、网络传输层组成。其中，显示屏包括多块显示器，可以模拟出驾驶员位于正前方的视野；驾车控制组件的作用是控制远程车辆；在网络传输层中，5G 终端建立车端与无线网以及核心网之间的连接，由此可以实现信息向驾驶舱的传递，这个过程要用到网络切片能力和 QoS 保障能力。

基于 5G 的远程驾驶网络解决方案如图 6-7 所示，远程驾驶汽车需要遵循以下步骤：

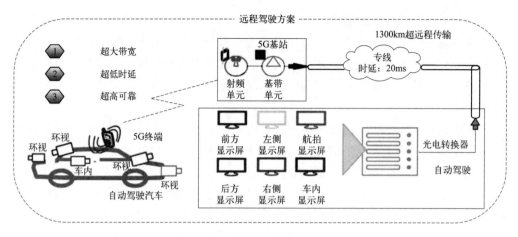

图 6-7 基于 5G 的远程驾驶网络解决方案

① 远端车体使用车内摄像头从不同的角度对路面进行拍摄，有 5 处摄像头分别覆盖道路前方、左侧、右侧、全景以及车内 5 个方位，摄像头的清晰度需达到 1080P 以拍出高清视频，拍摄完成的视频将实时投射到驾驶舱屏幕上。

② 驾驶员可以从置于其同侧的显示屏和驾车控制组件处获取车端回传的信息，对车辆和道路状况做出判断，同时驾驶员可对显示屏和驾车控制组件实施操作，两者借助网络将驾驶员的操作传递至车端，以实现远程控制。

5G 技术的进步可以推进车联网的发展，车联网通信业务要求低时延和高可靠性，这些业务可从 5G 网络的演进和升级中得到更多的支持，智能化和网格化是未来交通的发展趋势。在新的智慧交通产业链中，运营商正寻求新的角色，不再满足于提供管道服务，而要实行全面服务运营。可以预见的是，基于 5G 的车联网将对人类社会产生重要影响，能够在安全、效率、便捷性等多个方面发挥积极作用。

6.3 基于 5G 云网融合的车联网应用

6.3.1 5G 云网融合的必要性

随着智慧交通、自动驾驶等相关应用场景的出现，车联网需要具备多样化通信的能力。在此背景下，蜂窝车联网（cellular vehicle-to-everything，C-V2X）应运而生。该技术以蜂窝网为基础，能够为车辆提供高质量通信，实现车辆与各个通信设备之间的"万物互联"。具体而言，蜂窝车联网涉及车与车（V2V）、车与路（V2I）、车与人（V2P）、车与网络（V2N）等方面的通信，并且通过与人工智能、传感器、高精确定位等技术的融合，能够充分满足智能交通场景下车辆进行低时延高可靠通信的需求。

LTE-V2X 和 NR-V2X 是 C-V2X 的两大标准阶段，所涉及的技术在对彼此的补充发展中迭代升级，共同满足车联网多元化的通信需求。基于长期演进（long term evolution，LTE）的 LTE-V2X 在完成 Release 14 版本的标准化后，能够为基本的道路应用提供支撑，而 Release 15 版本的标准化则能够支持部分增强 V2X 的应用。

基于 5G 新空口（NR）技术设计的 Release 16 实现了对 LTE-V2X 的升级，利用 5G 网络超低时延、超高速率、超大连接的优势，能够实现车车协同网络与车路协同网络的直连，并进一步丰富车辆通信方式，引入组播和广播进行通信，并优化感知、调度重传以及车间连接质量控制等技术。

为了实现车辆的安全驾驶以及其与交通基础设施、人、云端平台之间的互联互通，C-2X 网络需要与大量的车载终端以及 RSCU 相连并与之进行实时数据交互。这个过程需要在极短时间内完成海量数据的传输、分析与存储，这就需要网络具有极高的传输速率与极大的传输容量，同时满足控制决策信息交互的实时性要求和业务信息传递的高传输量要求。

从数据传输量角度来看，智能网联汽车需要进行大量道路信息和车辆信息的收集、处理与存储，这一过程主要通过车载 OBU（on board unit）与 RSCU 的交互实现，每天所产生的数据可达兆字节量级。从传输时延角度来看，智能网联汽车辅助驾驶的时延应控制在 20～100ms 内；自动驾驶的时延要求则更高，不能高于 3ms。由此来看，传统网络架构和云计算方式难以支持 C-V2X 的应用。除了需要高算力帮助车联网实现各类信息的实时处理分析，车联网还需要利用高带宽网络与云服务配合，以确保其各项基础功能的安全实现。

5G 技术已经实现 X86 通用服务器硬件对专有硬件的替换，能够将所有服务构建在虚拟机和容器上，向着开放化、服务化方向发展。此外，当前通信网络的 OSS（运营支撑系统）、BSS（业务支撑系统）、MSS（管理支撑系统）等尚处于割裂状态，缺乏统一的调度与管理，难以为 5G 业务提供实时性、传输速率、安全性等方面的支撑，亟须通过对 5G 网络的分布式重构解决这一问题。通过对 5G 网元进行功能解耦，可实现控制面板功能集成、用户面下沉，能够使更靠近网络边缘的设备承担部分数据包处理和流量聚合功能，从而降低核心网络的负载，提高传输效率，满足 C-V2X 场景下网络的应用需求。

5G 网络围绕中心、区域、边缘数据展开，由各个终端共同构成分布式云计算网络，如图 6-8 所示。

分布云除了作为 CT 网元的载体，还能够满足车联网应用部署低时延、高带宽的要求，为其提供支撑。首先，通过云网协同，能够灵活适应多种车联网应用场景，提供其连接所需要的网络切片，使用边缘云为车联网提供更高效率、更加精准的服务；此外，云网协同还能够为用户平面功能（user plane function，UPF）提供更多转发节点，在短时间内迅速调取最为合适的存储空间进行数据存储，为业务运行提供最优网络配置；最后，通过边边协同，能够实现业务的路由懒加载（lazy loading），分担首页加载压力，减少加载用时，同时还可以使业务间的切换更加高效流畅。

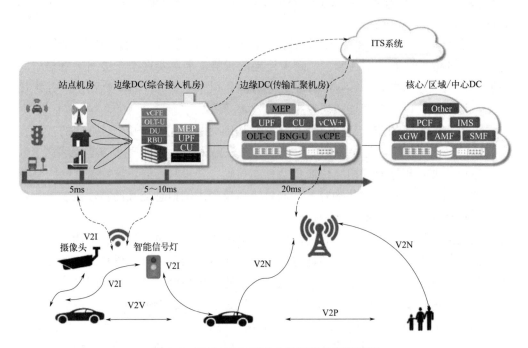

图 6-8　基于 5G 云网融合的车联网多级部署

6.3.2　云网融合架构的演进

客户端 - 服务器（client-server，CS）模型是云网融合过程中应用范围较广、认可度较高的软件开发模型，该模型对客户端和服务端都有计算能力和存储空间要求。一般情况下，对服务端的计算能力和存储空间要求要远高于客户端，以便服务端能够高效、快速地处理来自客户端的请求，这也是云计算中较为主流的部署方式。

然而，在基于 MEC 的车联网应用中，则需要在边缘部署时延敏感的应用，在中心部署时延不敏感而算力高的应用。因而，MEC 支撑云网融合不断推进的同时也推动了云边端混合部署（client-edge-server，CES）三层软件架构对二层 CS 软件架构的更替。

CES 软件架构如图 6-9 所示，MEC 平台以及计算、存储和网络资源共同构成了部署在网络边缘的 MEC 主机，MEC 平台为应用的运行提供环境支撑，MEC 应用则通过 RESTful API 提供的标准化接口发现、通告、消费和提供服务。

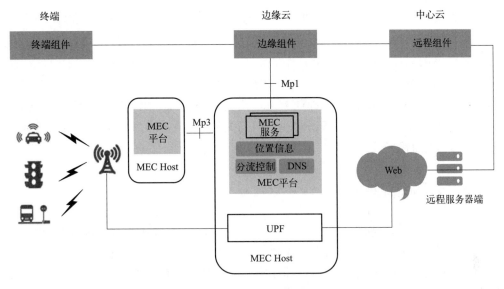

图 6-9 CES 软件架构

CES 架构迥异于传统软件，包括终端组件（client）、边缘组件（edge）和远程组件（server）三部分。

① 终端组件可以安装在智能汽车或车载网络中连接的其他无线终端上，其主要功能是运行客户端程序，对一些较为紧急的任务进行实时处理。

② 边缘组件主要位于边缘分布式计算设备上，以便于为用户提供快速的本地化服务。比如，一些保证驾驶安全的应用程序运行需要将通信时延控制在极低的范围以内，如果将此类业务部署在中心云上，则会因为传输距离、网络带宽等问题导致业务响应时间较长，而通过 MEC 组件运行相关程序则会解决这一问题。

③ 远程组件主要位于远程数据中心，为一些时延要求较低而算力要求较高的业务提供服务。比如，在智慧交通场景中，车联网需要为车辆和驾驶人员提供道路的车流量、拥堵情况、车辆行进路线等信息，同时要对驾驶车辆进行统筹，提升道路通行效率。这类业务为网络留有较大的响应空间，但因其所处理的数据流量大，对算力和存储要求高，因而适合通过远程组件部署在中心云上。

由于 CES 通过功能分层实现对业务的分类处理，因此其适合应用基于微服务的设计方法。微服务通过拆分实现对业务的分解，将一个项目拆分为多个独立的服务，实现对车联网场景中海量访问流量的分解，从而分别为其配置算力资源，为每个子项目提供最优服务，以达到用户的需求指标。借助微服务，CES 能够实现网络内资源的最优分配，灵活地满足多种用户需求，适应系统的数据量、流量、复杂性增长。

对于任务处理过程中的中心设备和网络负载率过高问题，传统软件往往通过云部署，采取分布式计算以实现负载均衡。CES 架构则在 5G 云网融合的基础上，将一些要求实时性、超高传输速率的业务进行下沉，部署在分布式网络边缘。

在具体架构中，对一些时延要求高的组件进行边缘部署，而对于那些对算力和存储要求高的软件，则将其部署在中心云上，这样既能实现对业务的快速响应，同时又能为其提供高算力、高存储支撑。借助云网融合，应用程序能够实现分布式处理以提升资源利用效率、对线程业务进行归类处理以降低耦合以及多级负载均衡。CES 的分布式部署方式能够真正实现云网功能的"物尽其用"，让每一项任务都能够获得最匹配的服务资源。

6.3.3 云网资源共享

随着车联网应用场景不断向着多元化、复杂化方向发展，为了满足车辆与人、路、云以及其他终端的互联需求，实现更多业务处理的下沉，需要增加边缘计算点的数量并扩大其覆盖范围。然而基础设施方面的配套仍有待进一步完善，缺乏支持通用器部署的标准数据中心是限制边缘计算节点部署的重要因素之一。此外，相关项目融资困难是导致该项工作难以推进的另一因素，进行边缘节点建设难度大、投入高，而作为新兴业务其回报周期长、短期内回报率低。因此，为了有效推进此类战略建设工作，需要进行云网协同部署，通过资源共享和设施配套建设优化资源配置，降低成本与风险。

对于运营商而言，实现 MEC 与 CT 业务云基础设施共享，能够实现 5G 云基础设施的最大化利用，减少基础设施的重复建设，大幅降低投资成本。运营商所拥有的机房和高质量网络出口遍及全国各地，靠近用户端，是 MEC 的最佳部署点。然而，这些机房的改造问题成为 MEC 部署的又一难题——由于空间有限，一些边缘机房难以进行通用服务器安置，且电力配套难以跟上，制冷能力差，无法满足大规模边缘计算设备的散热要求。

综合性能、成本、可扩展性等多方面的因素，有以下几种部署方案供运营商选择。

① 中心机房：机房空间较大，各项设施配套完善，进行通用服务器的部署。

② 边缘机房：机房空间较小，电力配套不完善，制冷能力差，环境较恶劣，需要边缘服务器具有低功耗、小体积、温度和环境适应性强等特点。

③ 接入机房：室内基带处理单元（building base band unit，BBU）采用开放式 CPRI 接口，因此可以使用其空闲槽位，插入嵌入式 X86 单板，现有机房的空间能够满足节点部署需求，因而无须改造。

为了进一步在有限预算内解决机房站点的建设问题，可以将对 BBU 进行集中部署的 CRAN（cloud RAN）与 MEC 进行融合，以便于更好地为 MEC 应用提供服务。通过 MEC 与 CRAN 的组合设置，使两者通过同一个网络功能虚拟化基础设施解决方案（NFV infrastructure，NFVI）共享网络资源。

MEC 与 CRAN 之间通过内部接口进行交互，通过使用同一基础设施，二者之间的信息传输、数据处理效率大大提升，能够更好地满足应用程序的实时性需要。由于无线网络信息服务（radio network information services，RNIS）通过直接与CRAN交互能够在最短时间内获取到期望的网络无线信息，因而基于MEC的车联网应部署在RAN侧而非核心网络侧。

6.3.4 云网能力开放

由于传统软件设计中应用与网络处在不同的架构层，除了满足应用的联网需要，网络与应用间的关联程度不高，因而开发人员在开发时着重考虑应用的功能实现，而对网络状况关注较少。而随着车联网功能的丰富和进一步细化，对于网络通信的要求进一步提高，为了保证车联网应用中网络资源的优化配置，优化应用的功能体验，需要将网络状况纳入应用的设计考虑当中。

举例来说，在车联网的视频压缩场景中，可以根据网络情况对视频流的压缩比进行调整，比如当网络质量较差时，可以降低视频的比特率，提高视频的压缩比以节省网络资源。此外，通过利用MEC开放的无线网络信息，利用无线网络特有的TCP空口优化与有线侧的TCP拥塞优化，可提升TCP传输功能，避免高清视频等大流量文件在传输过程中造成网络拥塞。

MEC实现了网络架构的开放性改造，开辟了网络与应用互感知的通道。

MEC能力开放平台如图6-10所示，MEC的虚拟化层与MEP（MEC platform）能力开放平台相互配合共同为应用与网络的互融提供支撑。其中，虚拟化层对各种

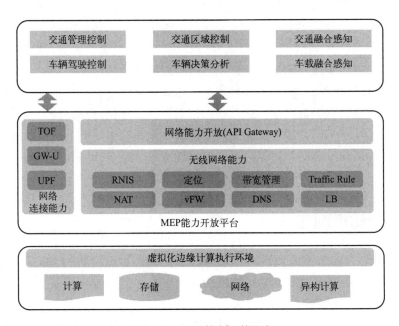

图 6-10 MEC 能力开放平台

实体硬件进行功能解耦并将其虚拟化，弹性分配给各种上层能力服务及应用程序；MEP（MEC platform）能力开放平台为 UPF 的本地分流提供支撑，同时提供 NAT、虚拟防火墙（vFW）、DNS、业务负载均衡（LB）等基本服务。

此外，MEP 的网络能力开放框架还支撑其提供 RNIS、带宽管理、业务路由规则、无线室内定位等服务，这些服务借助 API 接口提供服务。边缘服务能力层借助微服务化框架，使得网络具有较强的伸缩性和可扩展性，能够兼容 AI、大数据等新技术，实现 MEC 的能力拓展。

MEC 兼顾分层设计与开放服务原则，既能够灵活地满足不同服务与应用的网络需求，又能够为网络和应用提供开放的标准接口，因而能够适应多种应用环境，可用性强，可以极大地优化用户体验。此外，通过 MEC 服务，还能对应用安装与运行提供指导，对预期网络延迟、吞吐量等信息进行计算。

简单来说，MEC 使得应用运行的环境走向透明化、可预测化。车联网通过对环境（上下文）信息的预测与分析，调控应用的运行，使之能够更好地为业务处理做准备，同时拓展应用功能，这需要在软件设计过程中增强其对网络参数信息的获取与适应能力。

比如，应用在运行过程中能够通过 MEC 无线网络信息服务 RNIS 获取无线信道质量、小区负荷量和吞吐量等信息，利用 AI 等人工智能分析技术，能够进一步将业务 QoS（quality of service）的处理层级从用户级细化至报文级，赋予网络位置感知、链路质量预测等新的能力。

同理，MEC 应用通过带宽管理 API 获取分布式网络及其利用率的信息，从而提前为应用运行做好网络资源准备，消除网络资源瓶颈，实现资源向关键任务的最优调配。通过对网络资源的预测与合理调控，能够有效降低边缘应用运行的时延，增加系统单位时间内的请求处理量，提升系统的承压能力。此外，MEC 应用所提供的信息还能够用于用户终端到数据中心后台服务架构的优化。

此外，MEC 服务也能够为 5G 网络的高效运行提供支持，比如，以边缘计算设备中存储的大量数据为数据集，建立逻辑回归模型或随机森林对接入用户的行为进行预测，可以及时为用户调取所需的网络资源，提升网络效率。通过 DPI 识别，实现基站对业务的精准画像，让无线网络能够获取用户业务体验和感知体验信息，为不同等级的用户提供不同的上行与下行数据速度，满足其差异化需求。

6.3.5 云网协同管理

由于 MEC 计算节点采取区域性部署，因而 MEC 切换所造成的报文丢失问题成为破坏自动驾驶超低时延和高可靠性的关键因素，需要对其予以重视，保证低时延应用的业务连续性。

为了保证 MEC 节点连接切换过程中的持续服务，5G 网络以业务需求为导向，定义了 SSC Mode 1、SSC Mode 2、SSC Mode 3 三种业务与会话连续性模式，即随着用户终端移动，IP 保持不变；随着用户终端的移动断开原有的 PDU 会话锚点再建立新的连接；随着用户终端的移动先建立新的连接再断开原有的 PDU 会话锚点。其中 SSC Mode 3 与车联网应用的适配程度更高，当车辆驶出原有 UPF 覆盖区时，先建立新会话，再断开原有连接，实现网络切换的紧密衔接。

除了从网络层面保障连接的紧密衔接外，业务连续性还需要从业务自身角度进行保障，即要求应用能够及时识别网络变化，进行应用位置、运行程序、运行资源成本和能耗的调整，使之与车辆终端移动情况或其他情况变化相适应。

用户应用信息的同步问题也是车联网在不同 MEC 覆盖区进行移动时所面临的问题之一。应用程序在运行时会产生大量数据信息，如果全部进行同步，将会占用带宽，增加网络负载，造成业务处理时延较高，甚至会造成网络拥塞。

该问题可以通过应用基于微服务架构的无状态设计进行解决。在该架构中，服务器或组件不会储存用户的状态信息，独立请求中包含着完成任务所需要的必要信息，节省了大量的网络传输空间，利用中心云存储终端的状态数据和信息，既减少网络占用，又能够在需要时实现信息的快速调用，提升车联网整体任务处理效率。

而对于一些时延要求较高的数据，则可以利用边缘分布式计算设备的本地空间进行存储，通过 MEC 提供的开放网络接口，可以通过降低传输时延、降低数据丢包率以及时延抖动等提升网络业务服务质量，指导车辆终端进行基站和 MEC 主机选择。通过收集车辆移动数据与 MEC 主机数据，能够精准预测 MEC 切换时机，从而提前做好状态迁移发起、数据同步等准备工作，实现对网络传输带宽的最佳利用。

第 **7** 章

智能座舱技术

7.1 智能座舱技术基础知识

7.1.1 智能座舱的概念与发展

事实上,"座舱"并不属于汽车的规范用语,汽车行业对座舱空间的描述有两个术语:一是出自《汽车车身术语》(GB/T 4780—2020)的"客舱",是司机区与乘务员区的总称;二是出自《电动汽车术语》(GB/T 19596—2017)的"乘员舱",指承载着乘员的整个封闭空间。这两项标准中的客舱与乘员舱指的就是汽车座舱,即一个带有座椅的金属房间,可以使驾乘人员获得较为安全、舒适、方便的驾乘空间,设备主要是机械式的,驾驶员可以通过手动操作发出指令,功能较为单一。

(1)智能座舱 VS 传统座舱

智能座舱与传统的汽车座舱不同,作为大数据时代的产物,智能座舱的定义、术语等还在逐步地进行扩充与完善。智能座舱在传统座舱的基础上,用液晶显示屏替代了以往的物理按钮,使得人机交互的方式更加多元化,极大地提升了座舱的网联化与自动化水平。人机交互技术作为智能座舱的基础,发挥着重要作用。

智能座舱作为一个智能的移动交互环境和体验空间,搭载了高度智慧与网联化的技术,可以对环境、驾乘人员等进行自主洞察与感知,从而达成车、路、人之间的互联互通,是人车关系由使用工具向情感沟通转变的重要场所。

正是由于智能座舱能够带给用户安全、舒适、愉悦、方便等最为直观的体验,用户也更加乐意在这一领域付费,所以智能座舱领域开始逐渐成为汽车发展的重点领域。多模态交互技术是智能座舱的一项核心技术,它能够融合眼神捕捉、手势以及声音等多种模态,日后将逐步替代单一的语音交互模式。

(2)智能座舱的演进与发展

在世界汽车工业百余年的发展中,汽车座舱经历了以下四个发展阶段,如图 7-1 所示。

图 7-1 汽车座舱的四个发展阶段

① 收音机时代。在车载信息娱乐系统发展初期，整个系统中仅包含收音机一项娱乐设备。随着技术的发展和需求的变化，磁带播放机和 CD 播放器等娱乐设备陆续进入人们的日常生活当中，并逐渐被装配到汽车座舱的车载信息娱乐系统当中，为车辆驾乘人员提供娱乐服务。

② 导航时代。进入导航时代后，汽车座舱中陆续装配上空调、音乐播放设备、车载导航、蓝牙电话和娱乐显示屏等设备，同时汽车座舱系统通过 T-Box 实现了网络连接。车载导航系统可以利用全球导航卫星系统（global navigation satellite system，GNSS）来获取卫星信号并通过显示屏向汽车驾驶员提供相应的导航信息，蓝牙电话也能够为汽车与手机之间的信息交互提供支持，并进一步提高车内通话的便捷性和合规性。

③ 数字时代。近年来，新能源汽车快速发展，车载娱乐系统也不断升级，汽车座舱开始整合和应用空中下载技术（over the air technology，OTA）、车载娱乐操作系统、中控娱乐大屏、座舱设备数字化以及语音识别和交互等技术，并充分发挥智能手机等新兴电子设备的作用，推动手机应用与车机应用互相融合，进一步丰富和强化汽车的娱乐功能，提高车机的易用性和流畅性。例如，苹果公司开发的 CarPlay 操作系统和谷歌公司开发的 Android Automotive 操作系统。

④ 智能时代。在当前的智能化时代，汽车在互联网大数据、人工智能等技术的加持下走进了智能网联化时代，座舱逐渐成为了用户自主舒适的智能交互移动空间，一般称为智能座舱。智能时代的汽车座舱已经具备 AI 助手、生物识别、多模态识别和人机交互等智能化功能，能够围绕用户构建起第二生活空间，并在此基础上为用户提供全面的生态服务。

7.1.2 智能座舱的构成与功能

在汽车行业电动化、网联化、智能化、共享化的"新四化"发展浪潮下，汽车市场不断变化，电动汽车正在由单一的机械交通工具向个性化的智慧终端过渡。近年来，传感技术、通信技术、人工智能以及互联网大数据分析等新科技逐渐兴起，智能网联汽车也在这些技术的加持下不断优化升级，在这样的发展趋势下用户体验开始成为汽车转型的关键发力点，随之而来的是汽车座舱内的智能性、情感性以及高效性方面的体验成为用户购买汽车品牌的关键参考因素。

据相关调查研究，我国消费者选择购买车辆的各项指标中，座舱智能技术指标位列第二，第一项指标是汽车的安全配置，该技术指标居然排在汽车经济性与动力性等因素之前，其重要程度可见一斑。

智能座舱主要由流媒体后视镜、抬头显示仪（head up display，HUD）、视觉感知系统、车载信息娱乐系统（in-vehicle infotainment，IVI）、语音交互系统等构成（如图 7-2 所示），这些系统能够支持智能座舱实现多种功能。

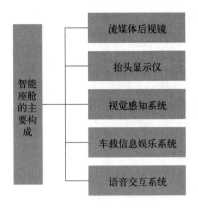

图 7-2 智能座舱的主要构成

① 流媒体后视镜能够向车辆驾驶员提供来源于后置摄像头的实时无损的车辆后方画面信息。

② 抬头显示仪可以在风挡玻璃上投射驾驶员驾车所需的各项重要信息，让驾驶员无须低头就能直接获取信息。

③ 视觉感知系统具有远超人眼的视觉感知能力，能够利用车舱内外的各个摄像头来广泛采集各项驾驶员驾车所需信息，在信息数据层面为驾驶员驾驶车辆提供支持。具体来说，视觉感知系统主要由 ADAS、驾驶员监控系统（driver monitor system，DMS）、乘客监控系统（occupant monitor system，OMS）、后排盲区监测系统（rear monitor system，RMS）、视觉监控系统（in-cabin monitoring system，IMS）、盲区检测系统（blind spot detection，BSD）、全景式监控影像系统（around view monitor，AVM）、行车记录（digital video recorder，DVR）和增强现实抬头显示（augmented reality head up display，ARHUD）等多个系统构成。

④ 车载信息娱乐系统是一种具有车载专用中央处理器的车载综合信息处理系统，能够在应用车身总线系统和互联网的基础上为车辆驾乘人员提供多种信息娱乐服务。

⑤ 语音交互系统可以利用具有精准识别功能的语音助手来完成声源定位、语义理解和单句多任务等任务，从而充分确保语音识别的准确性和语音交互的有效性。以声源定位为例，当乘客说出打开我的车窗时，语音交互系统可以对乘客的位置进行精准定位，并打开乘客所处位置旁边的车窗。

智能显示和人工智能等先进技术在汽车领域的应用，推动了汽车座舱快速发展，就目前来看，汽车座舱已经呈现出了大屏化、多屏交互和智能化的发展趋势。

- 大屏化：大屏化的设计能够在屏幕上显示出更多功能，为车辆驾驶员的驾驶操作提供方便，因此各个厂商纷纷将大屏装配到汽车座舱当中，推动汽车座舱向大屏化的方向发展，同时，搭载大屏座舱的车型也越来越多，例如，特斯拉的座舱中装配有 17 英寸的大屏。
- 多屏交互：现阶段，中控台中的显示屏越来越多，不仅有仪表和中控屏，还具有多媒体显示屏、空调控制屏、抬头显示屏和流媒体后视镜等多种显示屏,且大多数汽车中都装配有双联屏或三联屏,部分高端车型中甚至会装配6个屏或8个屏。

- 智能化:随着各项智能化技术在汽车座舱中投入应用,座舱的智能化程度不断提高,并逐渐实现了网络互联、智能语音交互和人性化设计等诸多功能。

近年来,智能座舱功能的多样性日渐增强,不仅具备收音机、媒体播放和基础导航等传统的汽车座舱功能,还集成了 AR 导航、生物识别、语音交互、网络互联和抬头显示等多种智能化功能,并逐渐呈现出高集成度、高复杂度的特点。

7.1.3 智能座舱的架构与应用

(1)智能座舱的系统架构

智能座舱根据系统架构层级划分为底层硬件、操作系统、服务框架、原子化服务库和智能化业务层五大类,如图 7-3 所示。

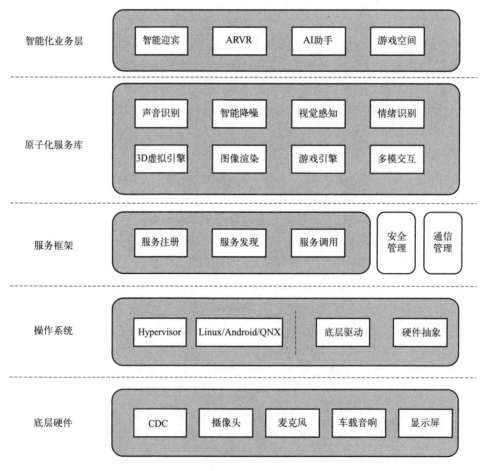

图 7-3 智能座舱系统架构

① 底层硬件。智能座舱中的底层硬件主要包括利用高算力的 CDC 提供算力的按键、摄像头、麦克风、车载音响和触摸显示屏等多模态交互硬件。

② 操作系统。操作系统底层应用了 Type1 类型的 Hypervisor，且操作系统可以对各项硬件进行虚拟化处理，并推动各项硬件设备实现资源池化，同时对应用程序编程接口（application programming interface，API）进行抽象化处理，并充分发挥 QNX、Linux 和 Android 等操作系统内核的作用，以便在智能座舱中综合应用来源于不同厂商的各类硬件设备。

③ 服务框架。服务框架可以根据面向服务的架构（service-oriented architecture，SOA）的设计理念实现多种基于用户服务的应用，从而为用户提供面向服务的通信（service oriented communication，SOC）、面向服务的重用共享设计（service-oriented reuse-shared design，SORS）和面向服务的软件架构（SOSA），并支持智能汽车实现跨域融合服务调用功能。

④ 原子化服务库。原子化服务库可以将智能座舱中的各项功能处理成原子化服务，并在此基础上构建起可调用的程序库，为用户在汽车中使用各项功能提供方便。

⑤ 智能化业务层。智能座舱中的智能化业务层可以通过调用原子化服务层来实现人脸识别、智能车门、车灯迎宾、座椅调节和位置距离服务等诸多功能，打造舒适的迎宾场景，并为用户提供智能化的迎宾服务。

（2）智能座舱的应用场景

智能座舱主要涉及人机共驾、内外联合和"应用为王"三大应用场景。

① 人机共驾。在人机共驾场景中，智能座舱可以借助交互感知技术来实现机械自主决策，并综合运用语音控制、手势控制和其他交互技术来制定符合用户实际需求的智能交互方案，同时充分发挥软硬件一体化聚合体系的作用，提高感知的精细化程度以及交互需求处理的智能化和高效化程度，从而在整个用车周期当中为车辆驾乘人员提供各类场景化服务，并在此基础上支持智能网联汽车实现自主/半自主决策。

② 内外联合。在内外联合场景中，智能座舱解决了单车智能的孤岛效应问题，打造出一个软硬件及设备互联互通的场景，并借助内外数据交互将自身的交互感知延伸到外部环境当中，进一步拓宽了服务场景和生态圈，实现了对车舱内外环境的感知，同时也提高了自身的便利性。

③ 应用为王。在"应用为王"场景中，智能座舱能够为车辆驾乘人员提供高质量的娱乐服务，如影音、游戏等，也可以充分发挥智能辅助驾驶技术的作用，降低驾驶员的驾驶压力，同时还能够采集驾乘人员的日常娱乐习惯信息，并借助这些信息构建相应的内容服务场景，进一步优化驾乘人员的驾乘体验。除此之外，智能座舱中的交互感知体系也能够支持车辆为驾乘人员提供主动式服务。

7.1.4 智能座舱域控制器技术

近年来,电子电气架构(electrical/electronic architecture,EEA)不断升级,智能汽车逐渐实现了多域融合,发展方向也开始趋向于中央计算-区域控制。就目前来看,智能汽车的 EEA 主要包括智能座舱域(cockpit domain,CD)、自动驾驶域(autonomous driving,AD)和车身控制域(vehicle domain,VD)三部分。其中,智能座舱中的智能座舱控制器(cockpit domain controller,CDC)能够在算力层面支撑汽车座舱实现各项智能化功能。

当前,许多智能汽车的 EEA 都正在向中央计算-区域控制阶段发展。在整个 EEA 中,CDC 位于中央计算平台当中,与汽车座舱中的显示屏、麦克风、车载音响和舱内摄像头等设备协同作用,为用户提供各种智能化的应用。

座舱域控制器是整个智能座舱底层硬件体系的核心,通常由高算力的 SOC 和具有相关功能的安全芯片、外围辅助配套芯片等多个部分组成,具有较为强大的计算能力。

具体来说,座舱域控制器的高算力 SOC 主要零部件及功能如表 7-1 所示。

表7-1 高算力SOC主要零部件及功能

SOC 零部件	主要功能
CPU	在系统调度、外部资源访问等各项涉及通用逻辑运算的任务中发挥作用
GPU	在算力层面为智能座舱实现图像拼接、图像 3D 渲染、大型 3D 游戏运行等功能提供支持
NPU	融合了神经网络算法,能够对智能座舱中的摄像头、麦克风等设备所采集的视频数据和音频数据进行计算,充分满足智能座舱在涉及人工智能的数据计算方面的需求,并在算力层面为 CDC 实现多模态交互提供支持
外围接口	主要包括显示接口(display port,DP)、移动行业处理接口(mobile industry processor interface camera serial interface,MIPI-CSI)、集成电路内置音频总线(inter-IC sound,I2S)等各类接口,能够为显示屏、摄像头、音响和麦克风等硬件设备的运行提供支持

一般来说,座舱域控制器技术主要涉及以下几项技术。

(1) 一芯多屏

在传统的汽车座舱中,中控屏和仪表屏等系统均有专门的芯片驱动,并不会出现两个或多个系统共用同一个芯片的情况。在智能座舱中,仪表、抬头显示器(head up display,HUD)和流媒体后视镜等系统均可使用同一个芯片驱动,且均受座舱域控制器的控制。由此可见,智能座舱仅利用一颗芯片就可以实现多系统多屏显示。

数字液晶仪表盘与车辆安全息息相关,为了确保行车安全,智能座舱中装配的数字液晶仪表盘需要符合汽车安全完整性等级(automotive safety integrity level)中 B 级的标准,并配备 QNX 或 Linux 系统。智能座舱中的娱乐系统大多使用 Android 系统,需要为用户提供多样化的娱乐服务,因此应具备多种娱乐功能。在传统的汽车座舱解决方案中,各个系统均使用不同的芯片驱动,因此不需要进行跨系统计算;在智能座舱解决方案中,一颗芯片需要驱动多个系统,因此存在跨系统运行问题，也在一定程度上影响了计算效率。

（2）虚拟化与硬隔离

虚拟化 Hypervisor 和芯片内部硬隔离等技术手段在 CDC 的 SOC 芯片中的应用能够提高计算效率，解决跨系统运行带来的计算效率低下等问题。

虚拟化 Hypervisor 通常位于操作系统和硬件中间，具有灵活性强、硬件资源利用效率高等优势，能够利用虚拟机来调度内存和计算单元等资源，并在此基础上对各项硬件资源进行动态分配，但同时也存在系统功能受损和 Hypervisor 软件使用成本高等不足之处。

芯片内部硬隔离就是在座舱 SOC 芯片设计环节预先对各项硬件资源进行分配，同时合理规划并及时隔离各项用于数字液晶仪表盘和中控娱乐屏的内存、计算资源和显示接口等相关资源，防止各个系统出现资源混用的问题。芯片内部硬隔离具有系统性能不受干扰、系统功能的安全性和可靠性强、无须软件授权成本等优势，但同时也存在资源浪费、系统功能难拓展等缺陷，无法在芯片设计环节未进行新增显示屏相关设计的情况下利用单一的 SOC 实现隔离功能。

（3）多模态交互

对智能汽车来说，可以通过驾驶员监控系统（driver monitor system，DMS）中的摄像头来感知驾驶员状态信息，通过座舱监控系统（occupant monitoring system，OMS）中的摄像头来感知乘客状态信息，借助麦克风阵列来进行多区域音源检测和语音识别，并在充分发挥 CDC 的 AI 算力的基础上综合运用以上各项设备进行多模态数据识别和人机之间的信息交互。

（4）跨域融合

随着 EEA 的不断升级，CDC 和自动驾驶域控制器（autonomous driving controller，ADC）逐渐融合到同一个中央计算平台当中，智能汽车逐渐建立起中央计算 - 区域控制器架构，并借助中央计算平台来为自动驾驶功能、智能座舱功能和整车控制功能提供支持。因此智能汽车的中央计算平台需要具备十分强大的数据吞吐能力和数据处理能力，同时相关设计人员也应进一步提高硬件设计的精巧程度，相关研究人员也要加大软件开发力度。

CDC 和 ADC 在中央计算平台中的融合主要指三个域控制器在同一盒子中的集成和在同一芯片中的融合。具体来说，这 3 个域控制器均包含多个线路板（printed circuit board，PCB），在实现各项功能的过程中需要分别利用与功能相对应的芯片，而 3 个域控制器在同一芯片中的融合能够有效减少整个系统的功耗、成本和 PCB 面积。

就目前来看，部分芯片厂商正在积极推动 CDC 与 ADC 的融合，但若要实现智能座舱芯片与自动驾驶芯片的有效融合仍旧任重道远。

SOC 芯片的舱驾一体架构方案是支撑智能汽车实现汽车座舱与智能驾驶融合的重要手段。但由于汽车座舱与智能驾驶在功能需求、功能安全要求、信息安全要求和算力需求的侧重点等方面的要求存在许多差异，因此难以在确保系统简单的同时快速研发出能够融合汽车座舱和智能驾驶且充分满足二者在各个方面的相关需求的 SOC 芯片。

（5）数据安全与功能安全

用户数据安全和汽车功能安全是智能座舱设计中的重要内容。具体来说，用户数据安全就是智能座舱中的个人身份认证、个人隐私信息、金融支付凭证和网络身份账号等用户个人信息的安全，为了充分确保这些信息的安全，防止出现信息泄露或被黑客攻击等问题，智能座舱需要通过数据加密等方式来对用户信息进行保护；汽车功能安全要求车辆符合 ISO 26262《道路车辆功能安全》国际标准，并具备利用智能座舱系统进行场景分析的能力，能够及时发现自身在功能方面的潜在风险，同时根据相关标准来化解风险问题。

7.2 智能座舱语音交互技术

7.2.1 语音交互技术概述

目前，人机交互主要通过语言交互来完成，驾驶人员在行车过程中可通过说话的方式做出非驾驶动作。但对于当前智能座舱的语言通信系统来说，在交互过程中对于多轮对话、情感性对话以及打断、唤醒等还存在一定困难，系统不能够领会指令的实质。多模态交互技术的出现有助于打破以上所存在的尴尬局面，可以使整个人机交互的过程更加高效、立体，最大程度上减小误差，有望成为日后智能座舱发展的核心技术。

（1）语音交互技术的基本概念

随着智能化、网联化以及大数据分析等新技术的蓬勃发展，汽车行业的发展迎来了新的增长机遇，智能座舱开始逐渐被广泛使用，成了中高端品牌车型的必要配置。智能座舱通过人机交互的方式为驾乘人员提供了智能舒适的情感体验空间，其中最早使用的人机交互方式便是语音交互技术，即人机对话。

整个语音交互的技术流程如图 7-4 所示。

图 7-4 语音交互技术流程

结合图 7-4 我们可以大体了解语音交互技术的流程：当驾乘人员通过语音发布需求指令时，座舱系统会依靠预处理来找到发布指令的声音，进而采用语音识别技术来对识别到的声音进行信息转化，再通过功能转化来筛选出驾乘人员所需的功能要求，借助对话管理把声音转化为指令，做出回应，最后由语音合成将声音以对话形式答复给驾乘人员，完成语音交互。

（2）语音交互技术的发展

语音交互是语音应用的发展方向之一。从发展历程上来看，20 世纪 90 年代，语音交互陆续被应用到电话客服领域当中，为电话沟通提供支持，但由于数据、算力、算法和硬件形态等较为匮乏，语音交互的应用难以普及；进入 21 世纪后，科学技术飞速发展，各种智能手机助理和智能音箱层出不穷，语音交互也实现了更大的发展。

在车载语音交互领域，2000 年前后，部分高端汽车已经实现了语音拨打电话等基础功能；2018 年之前，车载语音交互已经被应用到多种汽车后装产品当中；2018 年以后，前装语音交互功能在汽车中的应用日渐广泛。

近年来，传感技术、通信技术、人工智能以及大数据分析技术迅猛发展，语音交互技术已在多个领域得到了普遍应用。尤其是在汽车领域，语音交互技术发挥了其自身的强大优势，提供给用户更加安全、舒适、高效的驾乘体验，逐渐成为了智能座舱最为关键的组成部分，是整个智能座舱生态系统的首选与核心环节。

7.2.2 语音交互技术的两大类型

智能座舱的语音交互技术主要涉及语音前端和语音后端两个部分。

（1）语音前端

语音前端主要包含各类信号处理技术，可支持智能座舱实现语音活性检测（voice activity detection，VAD）、回声消除、噪声抑制、声源定位、增益控制等诸多功能。

① 预处理。语音前端需要利用信号处理技术来消除直流部分，防止车内的音乐、聊天等噪声和设备播放的声音对语音交互产生干扰。

② 分离。语音前端需要分离混合的人声，并借助波束来对车内不同位置的声源进行定向增强。

③ 降噪增益。语音前端需要借助噪声抑制算法来对经过分离的声音进行降噪处理，并利用增益调整算法来对音量进行调整，确保处于该音量下的声音能够符合语音识别的要求。

（2）语音后端

语音后端主要包含语音识别、语义理解、对话管理、语言生成和语音合成等技术，如图 7-5 所示。

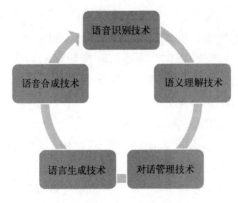

图7-5 语音后端的主要技术

① 语音识别技术。语音识别技术主要负责将声音转换为文本信号，之后利用声音模型数据库与文本模型数据库对其进行比对与识别。汽车是一个包含风阻噪声、轮胎噪声等的噪声组合体，对语音交互系统工作极易产生干扰，因此便需要语音识别等可以去除噪声影响的技术来对语音做相应处理。

语音识别技术大致可划分成两大类：一类可以构建以细粒度声学单元为基础的模型，并在此基础上充分发挥有限状态转换器（finite state transducer，FST）的作用，将声学单元序列转化成文字序列，如Kaldi等；另一类可以构建字级别的模型，并借助Transformer的模型架构来建立端到端系统，如Wenet，不仅如此，这类语音识别方案还具有系统简单、流程复杂度低、解码方案成熟度高等优势，在超过10万小时的工业量级数据训练任务中能够体现出更加强大的性能，并逐渐成为当前在工业领域应用最为广泛的语音识别方案。

② 语义理解技术。语义理解技术主要负责将声音转换为信息化的指令，这一转化可在文本分类、检索、信息提取与文字校对等过程中实现。之后对话管理会分析对话并提供系统决策。

语义理解技术能够提取出文本中所表达的意图和关键信息，对汽车行业来说，可以通过规则匹配的方式在最大限度上提升关键说法的召回率，快速处理错误内容，并利用神经网络模型中的统计模型来进一步提高泛化说法的覆盖率。

③ 对话管理技术。对话管理就是以语义上下文和资源为依据来生成系统动作，通常不会采用相同的框架，因此大多包含多种场景的硬编码的逻辑。

④ 语言生成技术。语言生成技术相关的学术研究较多，在实际应用方面，智能座舱大多采用基于可控性强的规则模板的方法来实现语音交互。

⑤ 语音合成技术。语音合成技术主要负责把自然语言生成输出的文本进行相应的文本及音色频率处理，最后利用语音库对其进行语音合成。语音合成技术正在快速发展，能够充分发挥神经网络技术的作用，借助声学模型+声码器的两段框架来对声音进行合成，现阶段，经过语音合成的声音已基本与人声无异。

7.2.3 语音交互系统的基础框架

智能座舱配备有语音交互系统，其基础框架如图 7-6 所示。

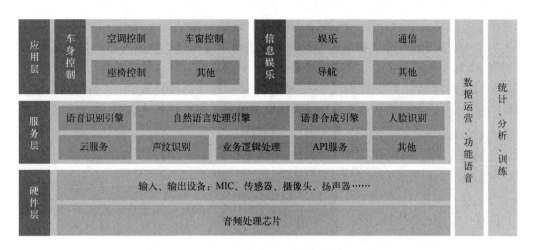

图 7-6 语音交互系统基础框架

由图 7-6 可见，语音交互系统由多种设备、功能和服务组成，复杂程度很高。系统的运行需要多种软硬件的配合，同时系统的运营管理也非常关键，其作用在于保障系统运行的稳定可靠。

下面将逐一介绍语音交互系统的硬件层、服务层、应用层、运营管理平台四部分。

（1）硬件层

硬件层为语音交互系统提供硬件基础，其由两部分组成：输入/输出设备以及音频处理芯片。输入/输出设备接收车辆用户以语音形式发送的指令，指令处理完毕后将相应的信息反馈给用户，麦克风阵列、摄像头、传感器等都属于输入/输出设备。音频处理芯片用于收集音频信号，并提供信号的处理结果，数字信号处理器（digital signal processing，DSP）、音频解码器等都属于音频处理芯片。

（2）服务层

在语音交互系统中，服务层处于核心位置，用于构建系统的核心能力。服务层负责信息的分析处理，信息采用的形式有语音、图像等，处理完成后给出相应的反馈结果。服务层由多个模块组成，包括自然语言处理引擎、人脸识别、云服务、API 服务、业务逻辑处理等。

（3）应用层

应用层运用来自服务层的核心能力创建应用程序，以满足用户的需求。借助应用层的应用程序，用户可进行语音交互，使用系统功能。应用层由车身控制和信息娱乐两大模块组成，每个模块包含多种应用，在车身控制模块可对车窗、空调、座椅等设施进行控制，信息娱乐模块则提供娱乐、导航等功能。

（4）运营管理平台

语音交互系统的使用过程会积累大量数据，运营管理平台扮演数据运营者的角色，对数据进行统计、分析和训练，经过处理的数据将用于语音交互系统的优化，并为 AI 模型提供训练素材。运营管理平台由用户数据统计分析和模型数据运营两大模块组成。

用户数据统计分析模块用于分析用户行为数据，并形成关于用户行为的分析报表。根据报表可总结出用户的使用习惯及偏好，找到系统现存的问题并进行改进。

模型数据运营模块用于收集系统使用中产生的文本、音频、图像数据，并完成数据的标注，将数据用于 AI 模型的训练，强化模型的能力。

7.2.4　语音交互技术的应用场景

一般来说，智能座舱中的语音交互应用场景主要涉及设备控制、导航和多媒体娱乐三个方面。在不同类型的产品当中，语音交互的应用场景各不相同，在技术实现方面也存在一定的差异。

具体来说，各类声场环境对语音交互的要求不同，例如，手机助理当中的语音交互只需实现近场识别，当语音交互应用到各类车内设备上时，还需实现远场识别；各种对话领域对语音交互的要求不同，例如，智能家电中的语音交互主要在设备调节时发挥作用，当语音交互应用到各类车内设备上时，还需为音乐和导航等功能提供支持。

语音交互在各类产品和场景中的应用在整体流程上存在许多相似之处，从系统框架的角度上来看，语音交互可以处理前端信号，并在此基础上提取出声学环境中所需识别的人声；利用语音识别技术将声音转化成文本；利用语义理解算法来获取文本中的各项重要信息；利用对话管理功能整合用户数据、应用数据和上下文数据，并在此基础上支持车辆执行相应的系统动作，及时响应语音交互需求；利用语音合成技术生成用于回复用户的音频，为用户接收相关信息提供方便。语音交互的应用流程如图 7-7 所示。

在语音交互场景下，智能座舱既可以发挥自身优势，也显示出了一定的不足之处。具体来说，智能座舱的优势主要表现在可以凭借具有较强确定性的车内空间设计来获得更好的声学定位和语音分离效果，能够在场景层面为语音交互提供支持；智能座舱的不足之处主要为声场环境复杂，语音交互可能会受到风噪、胎噪、手机声、背景人声和空调噪声等各类噪声的干扰。

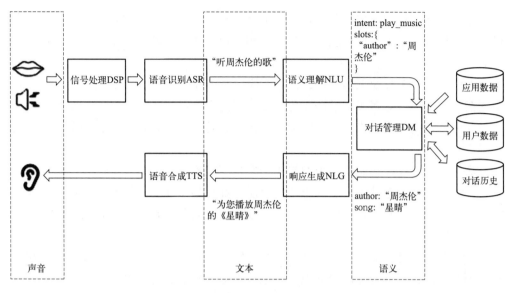

图 7-7 语音交互的应用流程

7.3 智能座舱多模态交互技术

7.3.1 多模态交互技术的主要内容

在车辆行驶的过程中,车辆与驾乘人员的交互始终存在,车辆会为驾乘人员提供各类信息,驾乘人员也会通过相关信息做出相应的反应,这个过程所体现的便是信息交互。在各种新技术的加持下,汽车变得越来越智能,传统的交互方式已经无法满足当前用户对智能座舱的多元化需求,例如情感性、舒适性、智能性以及个性化等,而多模态交互(multimodal interaction)技术融合了手势交互、触摸交互、语音交互以及头部姿态交互等多种模态,信息输出更加丰富、立体,表达更为高效,逐渐成为智能座舱设计的核心技术之一。

从终端消费者的角度看,多模态交互是一种兼具功能性和科技感的技术,下面将对此进行详细说明。

① 功能性:跟传统的燃油汽车相比,新能源汽车在驾驶过程中有更多的信息需要显示,包括电量、续航里程、电池状态等,在这种情况下仪表盘等传统交互手段已很难满足要求,因此需要信息承载能力更强的新型交互方式。除了行驶信息显示以外,新能源汽车的交互内容还包括主动安全显示、导航、娱乐等,这些都要通过新的交互技术来实现,而多模态交互正是一种功能性极强的新型交互技术。

② 科技感:智能座舱是新时代的科技产物,因此在选择智能座舱产品时,消

费者会将科技感作为一项重要的评价标准,包括座舱外观和舱内场景的科技感。多模态交互技术可用于打造座舱内部的科技感,提升用户体验,对消费者的决策产生影响。

近年来,汽车行业聚焦于模式创新,不再将汽车单纯看作一种工业产品,而是试图在汽车上提供更多高质量的服务,以实现提升产品附加值的目的。座舱内多模态交互拥有较高的技术水平,能够提供多样化的功能,可以作为这轮创新的主要着力点。

除语音信息外,智能座舱中通常还会出现其他模态的信息,如视线、手势、行为、情绪、疲劳状态等。为了利用这些信息来优化驾乘体验,提高各种模态的信息的利用率,各行各业的相关研究人员正在不断加大对多模态交互的研究力度。

(1) 视线

视线在智能座舱中的应用能够在安全驾驶和交互控制两个方面发挥作用。在安全驾驶方面,智能座舱可以根据视线信息来检测驾驶员状态,实现对驾驶员有无分神情况的判断;在交互控制方面,智能座舱可以根据视线信息来找出用户想要操控的车窗,并对其进行控制。一般来说,视线估计算法中融合了基于标注数据的神经网络算法或基于眼球物理模型的方法,能够综合运用人眼位置估计、视线估计和空间标定三种方法来找出用户视线所投向的具体位置。

(2) 手势

在智能座舱中,手势通常被用在触屏交互方面。一般来说,手势通常指非接触性的静态手势(点赞、比心等)和动态手势(挥手等),能够在一定程度上传达视觉信息。

(3) 行为

行为信息在智能座舱的多模态交互中发挥着十分重要的作用。具体来说,智能座舱在感知到驾驶员存在抽烟行为时,可以主动向驾驶员发送语音提示信息,提醒驾驶员注意安全驾驶和及时开窗通风;智能座舱在感知到驾驶员存在打电话行为时,可以主动控制车内音乐播放的音量,防止音乐声过大影响通话,并提示驾驶员注意驾驶安全。

(4) 情绪

智能座舱可以综合利用视觉信息、文字信息和语音信息实现对情绪的准确估计。就目前来看,情绪检测所感知到的情绪信息大多具有激烈性和明显性的特点,而细微情绪检测的难度较高,难以确保检测的精准性,仍需进行进一步研究。

(5) 疲劳

智能座舱可以采集眨眼频率、眯眼时间和打哈欠频率等眼部和嘴部的特征信息,并利用这些信息实现疲劳检测。但由于摸嘴、吃东西等动作可能会被误识别成打哈欠,算法所应用的特征信息不够准确,因此疲劳检测的准确性也会受到影响。

7.3.2 基于安全信息的多模态交互

目前,智能座舱的舱内交互内容主要有安全行车信息和娱乐信息两类,如表 7-2 所示。

- 安全行车信息包括关于车况、路况、环境的信息,在驾驶过程中,这些信息是必不可少的,能够起到保障行车安全的作用。
- 娱乐信息包括影视、音乐、游戏等,为确保行车安全,这些信息在驾驶过程中只能由非驾驶人员使用,驾驶人员只能在车辆处于停泊状态时使用。

表7-2 智能座舱的舱内交互内容

交互内容	安全行车信息 (包括车况信息、路况信息、环境信息等,是驾驶人员完成行车任务的必要信息)		娱乐信息 (为驾乘人员提供智能化、个性化的影音娱乐信息)	
模态	现状	挑战	现状	挑战
视觉交互	仪表板、中控屏、HUD、内外后视镜、DMA	进一步减少驾驶员在开车时低头看仪表盘或操作车机的行为	中控屏、后排娱乐屏幕、OMS	符合算力发展的高分辨率多屏、大屏
语音交互	提示、电话、音乐	减少误交互;减少关键交互层级;加强安全性;针对重要功能识别陌生语音	影音、游戏	与其他模态进行融合,为用户提供更加形象化、情感化以及主动性的人机交互体验;多场景支持,在不同场景下提供不同程度的介入方式(比如在侦测到电话场景和睡眠场景时,自动降低介入程度,防止误交互);理解中国消费者的交互特征和习惯,提供方言或口音支持
触觉交互	车机触控、安全提醒	通过方向盘或座椅触觉反馈进行坐姿提醒	屏幕控制、震动体验	更清晰、即时的触控响应;更便捷的影音、游戏触控体验
嗅觉交互	利用香氛系统缓解疲劳	优化出香算法和气味舒适度	享受、调节心情	结合健康座舱、舒适座舱趋向,打造场景下的氛围感

下面我们首先分析基于安全信息的模态交互,其模态交互路径主要体现在如图 7-8 所示的几个方面。

图 7-8 基于安全信息的模态交互路径

① 视觉+语音：语音交互在使用过程中一般不显示运行状态，因此需通过融合其他模态来预判指令状态。例如，蔚来 Nomi 将视觉模态同语音交互融合在一起，通过屏幕表情形象向驾驶员提供视觉信息，使驾驶员在使用语音交互时能够得到更加直观的反馈，提升驾驶员的使用体验。

② 视觉+触觉：小鹏 P7 这款车型装有车道偏离报警系统，是"视觉+触觉"路径的范例，开启车道辅助后，如果车辆出现压线的情况，则方向盘会发生抖动，向驾驶员发出压线的提示，这样驾驶员不必在驾驶过程中频繁低头查看仪表盘以确认是否偏离车道，有助于提升驾驶的安全性。

③ 语音+手势：岚图追光这款车型的手势控制可作为"语音+手势"路径的范例，其提供 8 种手势供用户选择，包括 3 种动态手势和 5 种静态手势，用户可通过手势完成确认、自拍、播放及暂停等多项操作。岚图追光配备有四音区语音系统，与手势控制相融合后，就形成了"语音+手势"的交互路径。

在当前的智能驾驶中，安全行车信息的获取是关键。信息的获取主要通过视觉模态，其他模态更多起到补充和辅助的作用。交互设计不必一味追求模态的多样化，而是应当以安全准确为要，当驾驶员需要进行查看信息、设置导航目标等操作时，通过交互尽可能使其保持正常的驾驶姿态，视线保持在车辆前进方向上，双手保持在方向盘上，以此来降低发生事故的概率，保障行车安全。

从安全性的角度考虑，"视觉+语音"路径是当前的最佳交互方案。在视觉模态 HUD 技术、电子外后视镜等技术和设备的支持下，驾驶员不必改变视线方向就能得到驾驶信息。语音交互可以将视觉信息转换为听觉信息，同时还有音源定位、连续对话等应用，能够让驾驶员的眼睛和双手在驾驶过程中不被驾驶之外的操作所调用。

车载语音识别技术在十年的时间里取得了显著的进步，表现为识别准确率的大幅度提升。据亿欧智库提供的数据，2011 年的车载语音识别准确率仅为 60%，而 2021 年这一数字来到了 98%。在语音模态的帮助下，处于驾驶状态的驾驶员不必移开视线就可以完成接听电话等操作。另外，语音系统拥有声纹识别功能，该功能可以与视觉模态融合，以验证驾驶者的身份。除了目前广泛应用的视觉和语音之外，还有其他的一些交互方式，如眼动、手势等，不过这些交互方式还不够成熟，功能有待进一步拓展。

7.3.3 基于娱乐信息的多模态交互

基于娱乐信息的多模态交互路径主要体现在如图 7-9 所示的几个方面。

① 视觉+语音：问界 M7 是采用"视觉+语音"路径的范例，车辆配备了影音硬件，又通过与相关应用软件的合作将 KTV 曲库引入车辆，将座舱打造成一个移动的 KTV 包间。

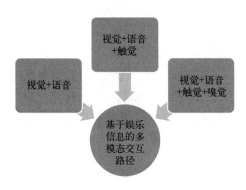

图 7-9　基于娱乐信息的多模态交互路径

② 视觉 + 语音 + 触觉：理想 L9 的副驾和后排位置都安装了屏幕，用户可将手机、平板电脑、游戏机连接到屏幕，通过投屏的方式进行各项娱乐活动，在视觉和语音之外，理想 L9 通过游戏增添了触觉模态。

③ 视觉 + 语音 + 触觉 + 嗅觉：小鹏 G9 的娱乐信息交互集合了视觉、语音、触觉、嗅觉四种模态，带给用户全方位沉浸式的娱乐体验，四种模态分别通过屏幕及氛围灯、对话语音助手、音乐律动座椅、香氛切换系统来实现。

当今社会的生活节奏不断加快，同时移动互联网迅速兴起，在此背景下人们的娱乐活动呈现出碎片化趋势，追求娱乐的实时性和多样性。在设计座舱娱乐信息的多模态交互时，要充分考虑到当前人们的娱乐习惯，为用户提供更加丰富的娱乐体验。据 IHS Markit 的调研显示，新生代消费者非常看重车辆的座舱科技配置，将其视为安全性之后第二重要的评价指标。

从当前消费者的需求出发，在娱乐信息交互方面，"视觉 + 语音 + 触觉 + 嗅觉"是最佳路径，它能够使用户享受到最为多样化的娱乐，为用户提供最丰富的科技配置，让用户体会到科技与智能带来的乐趣。针对视觉模态配备大尺寸、高分辨率屏幕，也可以使用投影功能，提升图像的清晰度，拓展交互场景；在语音模态方面，借助声源定位功能实现个性化交互，为座舱内的每位乘客带来定制化的交互体验；随着智能表面技术的发展，触觉模态的触控操作可以不受屏幕形态的限制，带给用户更加自由的体验；嗅觉模态可根据用户偏好散播气味，满足用户的个人需求。

第 8 章
网络安全技术

8.1 汽车网络安全风险管理

8.1.1 概念阶段的安全风险管理

ISO/SAE 21434：2021《道路车辆网络安全工程》（Road Vehicles-Cybersecurity Engineering）是国际标准化组织（ISO）在 2021 年 8 月发布的一项标准。这项标准参考了美国汽车工程师学会（SAE）出台的 J3061™《信息物理融合系统网络安全指南》，对汽车网络安全工程进行了更充分的描述，对于车辆全生命周期网络安全工作的实际开展具有重要的指导作用。

汽车产业的规模十分庞大，供应链上的各方涉及不同的专业领域，而各方的协调一致有利于更好地开展网络安全工作。对此，ISO/SAE 21434 标准构建了专业领域描述体系，介绍了各领域的专业词汇、目标、要求等，为供应链各方之间的信息交换提供了便利。汽车的电子电气系统由各类软硬件组件和接口等组成，要提升汽车全生命周期的网络安全，这些部件就需要在工程上符合一定的需求，ISO/SAE 21434 标准的出台就为其提供了参考依据。不过，该标准对需求的描述比较宽泛、笼统、抽象，主要是从全局性、整体性和方向性的层面出发，并未给出具体的操作指导，因而需要结合实际情况制定出详细周全的方案。

据 ISO/SAE 21434 标准，汽车系统的全生命周期由概念阶段、开发阶段和开发后阶段组成，网络安全管理须覆盖上述每个阶段，使汽车的网络安全在全生命周期内得到有效保障。

概念阶段（concept phase）标志着产品生命周期的开始，在这一阶段需要完成如表 8-1 所示的目标。

表8-1 概念阶段的实现目标

序号	实现目标
1	将目标对象以及与其相关的交互行为、运行环境等均置于网络安全语境中进行设定
2	明确目标对象对应的网络安全目标（cybersecurity goal）
3	围绕网络安全目标，确定网络安全概念（cybersecurity concept）

与目标对应，概念阶段包含三个主要步骤，即对象定义（item definition）、网络安全目标（cybersecurity goal）、网络安全概念（cybersecurity concept）。

（1）对象定义

目标对象的定义包括对边界、功能、初步系统架构、运行环境的定义，定义的明确实际上是提供了一个范围，后续的分析需在此范围之内进行。

（2）网络安全目标

网络安全目标是一种网络安全需求，并且是最高的概念层次上的需求，它针对的是特定的威胁场景。在网络安全目标这一步骤中，主要的活动有威胁分析及风险评估（threat analysis and risk assessment，TARA），以及发表网络安全声明（cybersecurity claims）。其中 TARA 会针对威胁和风险给出相应的安全对策，而网络安全声明则负责对 TARA 的决策做出解释，比如为什么采取此种方法应对此种风险，为什么暂时不对风险进行处理。以上活动的输出结果须经过验证，保证结果的完整、正确和一致。

（3）网络安全概念

与概念层面上的网络安全目标不同，同样作为网络安全需求的网络安全概念是一种更具体的需求，与技术联系更加紧密，它涉及目标系统和运行环境以及安全控制措施。网络安全概念来源于网络安全目标以及其他目标对象。这一步骤主要由以下活动组成：根据网络安全目标的要求，从技术和操作层面制定网络安全控制措施；对网络安全目标步骤中未涉及的网络安全需求做出描述；对输出结果进行验证，确保结果的完整性、正确性和一致性。

8.1.2 开发阶段的安全风险管理

产品开发阶段（product development phase）可以细分为两个子阶段：产品开发（product development）和网络安全确认（cybersecurity validation）。

（1）产品开发

产品开发的主要步骤为产品设计（design）和集成验证（integration and verification）。

① 产品设计。产品设计的重点在于制定适应上层安全需求的网络安全规范。首先，对网络安全规范做出定义；随后，出于网络安全考虑制定规则，以对开发起到指导作用，另外要对系统中的缺陷做出识别；最后，通过审查、分析、仿真、原型制作等方法，验证安全规范的完整性、正确性、一致性。

② 集成验证。产品设计步骤定义了网络安全规范，在这之后的产品集成及验证步骤则主要与规范的遵守有关。系统的设计和开发须遵守网络安全的要求，在对此进行验证时可以根据实际情况选择相应的验证方法，如接口测试、需求驱动测试、动态或静态分析。此外，通过功能测试、漏洞扫描、模糊测试、渗透测试等方式检测目标对象，能够将系统中残留的缺陷和漏洞的影响降到最低。

（2）网络安全确认

产品开发子阶段结束之后是网络安全确认这一子阶段，此阶段旨在通过审查的方式验证网络安全目标的完成情况，并排除系统中的不合理风险。

在产品开发阶段，验证（verification）与确认（validation）的作用很关键，由于两词含义相近，有时在实际工作中不好做出区分。ISO/SAE 21434 标准厘清了两词的定义和使用范围。两个词的确有着相似的含义，都可以指借助证据确认事项，不过"确认"的应用对象是概念阶段的上层需求，"验证"的应用对象则是设计阶段的网络安全规范。"确认"确认的是整体的网络安全目标的实现情况,"验证"确认的是各类具体的要求有没有得到满足。

值得一提的是,1979 年,美国著名软件工程专家巴利·玻姆(Barry Boehm)仅用两个句子就对两个极易混淆的词做出了巧妙的区分:"验证"针对的是"我们是否正确地制造了产品"的问题,"确认"针对的则是"我们是否制造了正确的产品"的问题。

根据 ISO/SAE 21434,在汽车网络安全开发中,除 V 字产品开发模型外,还有其他可用的开发模型选项,比如敏捷开发方法。

8.1.3 后开发阶段的安全风险管理

后开发阶段(post-development phases)可分为三个子阶段:生产(production)、运行及维护(operations and maintenance)、退出(即信息安全支持结束和报废,end of cybersecurity support and decommissioning)。

(1)生产阶段

在生产阶段要达到满足后开发阶段网络安全需求的目标,同时要防御新出现的网络安全风险,有效地保障网络安全。为此,在这一阶段要制定具备可行性的生产控制计划。

(2)运行及维护阶段

运行及维护阶段需完成两大目标:第一个目标是对网络安全事件做出及时响应,采取响应的补救和修正措施;第二个目标是在产品升级的过程中,包括升级完成后,让产品的网络安全始终维持在一定的水平。

(3)退出阶段

退出阶段是后开发周期的最后一个子阶段,也是整个全生命周期的最后一个阶段,这一阶段的活动主要是围绕结束网络安全支持展开的。结束产品的网络安全支持是一项较为重要、对产品影响较大的决策,因此应当事先做好各方的沟通和协商,为此可以制定出一个工作计划和流程。此外,退出阶段中,在正式结束支持之前,仍然要正常地维护产品的网络安全水平,防止留下安全上的空隙。

综上所述,根据 SAE J3061 标准,汽车电子电气系统产品的全生命周期包括概念阶段、产品开发阶段和后开发阶段,各个阶段又包含若干个子阶段。每个阶段都有相应的任务和活动,需各尽其责以在全生命周期内保障产品的网络安全。当然,需再次强调的是,该标准描述的内容大多比较抽象和概念化,实践中还需要依据实际情况确定更加具体的方案。

8.1.4 HEAVENS 威胁分析与风险评估

为了更高效地保障汽车的安全性,需要精准判断出汽车的安全需求,而当前最为普遍可行的方法是借助风险评估来实现这一过程。对可能存在的风险进行分级是风险评估主要的呈现方式，因而确定哪些因素对于风险等级有决定性影响是进行风险分级的关键。在汽车信息安全规划阶段，HEAVENS 威胁分析和风险评估流程得到了较多应用，其主要由以下三部分组成。

（1）威胁分析

威胁分析是指通过算法程序发现资产相关的风险，并将威胁与其所涉及的安全属性一一对应，是一个对威胁所属的安全性问题进行归类的过程。HEAVENS 安全模型通过 STRIDE 分析出威胁及其含义，并建立其与真实性、完整性、不可否认性、机密性、可用性等的对应关系，如表 8-2 所示。

表8-2 STRIDE威胁与安全属性的对应关系

威胁	含义	安全属性
欺骗（spoofing）	攻击者身份冒用	真实性
篡改（tampering）	攻击者在数据传输或数据存储中更改数据	完整性
否认（repudiation）	攻击无法溯源	不可否认性
信息泄露（information disclosure）	攻击者获取传输或存储中的数据	机密性/隐私
拒绝服务（denial of service）	攻击者使目标主机停止服务	可用性
权限提升（elevation of privilege）	攻击者执行未被授权的操作	授权

在此阶段，需要提供评估对象或功能的典型应用场景，让这些场景也参与到威胁和安全属性的对应中，以便更好地进行接下来的风险评估。

（2）风险评估

通过 spoofing（欺骗）、tampering（篡改）、repudiation（否认）、information disclosure（信息披露）、denial of service（拒绝服务）、elevation of privilege（权限提升）对特定的资产和风险进行识别后，需要根据优先级对已识别出的风险进行排序，以得出安全等级。安全等级由风险可能发生的概率与可能造成的影响两个方面决定，安全等级越高，所需配置的安全机制强度越大。

① 用来衡量安全等级发生概率的参数叫作威胁等级，威胁等级需要综合已有经验、评估对象的知识、评估对象构成威胁所需要的设备支撑和机会窗口进行评估。

② 风险对于车辆、人身及私人和公共财产安全的影响程度叫威胁等级。对这一方面进行评估时需要考虑所涉及的各项设施功能正常与否，相关人员的隐私是否得到了充分保护，相关财产的损失程度以及是否遵守了相关的操作、隐私法规，相对来说所涉及的信息维度较多，评估需要在 ISO26262 和 BSI 两套标准的共同指导下进行。对上述两方面完成评级后，对两个参数进行综合，最终确定对象的安全等级。

（3）安全需求整理

HEAVENS 威胁分析和风险评估的最后一环是确定对象的安全需求，具体为研发人员根据之前步骤中所得出的安全等级列表，按照不同资产的安全等级高低确定开发的次序及重要程度。通常情况下有的资产并非只存在一个威胁，这时开发优先级的确定主要以安全等级最高的资产为参照。

8.2 网络安全攻击与防御技术

8.2.1 网络安全攻击案例

随着科技的快速发展和新能源的广泛应用，汽车开始向电动化、网联化、智能化、共享化的方向转型发展，智能网联汽车逐渐成为未来汽车发展的主要方向。近年来，汽车、交通、人工智能等多个行业都在不断加大对智能网联汽车的研究力度，并进一步开发出与智能网联汽车的发展和应用息息相关的车联网技术、智能交通系统、无人驾驶汽车技术、智能无线传感器技术等多种技术。但就目前来看，各项智能网联汽车相关技术的应用还不够成熟，可能会为消费者带来安全风险。具体来说，智能网联汽车与网络相连，黑客可能会通过网络对车辆进行远程攻击，对车辆的信息安全造成威胁。

智能网联汽车可以利用蓝牙、Wi-Fi、蜂窝网络、车载以太网和控制器局域网总线等信息通信网络将摄像头、激光雷达、毫米波雷达、超声波雷达、全球卫星导航系统（GNSS）传感器等智能化传感设备与车辆相连接，实现对车边环境的精准感知，同时也能通过对各个传感器采集到的数据信息的分析处理和对 SLAM 技术的应用来实现对车辆具体位置的精准定位，并为自动驾驶决策提供有效支撑。

目前，智能网联汽车的安全性和燃油效率已经得到了一定程度的优化，使用成本也大幅降低，但在对网络攻击的防范方面还存在许多不足之处。

Upstream 发布的《2022 年全球汽车网络安全报告》中指出，自 2010 年至 2021 年，黑客等攻击者至少使用了 11 种攻击载体对智能网联汽车进行网络攻击，其中最广泛的攻击方式是黑帽攻击，2021 年，智能网联汽车遭受黑帽攻击的次数在其遭遇的网络攻击的总次数中的占比高达 56.9%。一般来说，白帽黑客（受雇于企业或网络安全部门，以黑客的方式攻击自己的系统以进行安全漏洞排查的程序员）对汽车系统的入侵和控制有助于智能网联汽车的研究人员发现系统漏洞，并有针对性地提高车辆系统的安全性；黑帽黑客（利用自身技术，在网络上非法窃取别人的资源或破解收费的软件，以此获利）对汽车系统的入侵和控制通常属于违法犯罪行为。

2010 年，美国得克萨斯州发生了一起影响上百辆汽车的黑客攻击事件。许多大学的研究人员陆续指出，黑客可以通过网络入侵汽车的计算机系统并对汽车进行控制。罗格斯大学和南卡罗来纳大学的研究人员表示，黑客能够利用无线通信网络劫持汽车的胎压监测系统,监控车辆移动,并获取隐私信息。

2013 年,Charlie Miller 和 Chris Valasek 在 DefCon 黑客大会上展示了使用计算机入侵丰田普锐斯和福特 Escape 的计算机系统并对其进行攻击和控制的方式。丰田和福特的安全研究人员在 Charlie Miller 和 Chris Valasek 的演示中进一步明确了车载诊断接口等位置中的安全隐患,充分认识到黑客可能会通过车载诊断接口中的漏洞实现对发动机、制动器、灯光、车门等汽车设备的控制,也可能会借助电子控制单元(electronic control unit,ECU)中的刷写功能篡改各项程序信息。

2015 年,Charlie Miller 和 Chris Valasek 通过 Wi-Fi 开放端口控制了一辆 Jeep Cherokee 汽车,刷写了 ECU 的固件中的信息,并操控了该汽车的音响、车载空调、显示屏、制动器和发动机等设备,导致超过 140 万辆汽车被召回,同时这也是全球第一例由信息安全问题造成的汽车召回事件。

2018 年,腾讯安全科恩实验室在对宝马的 ECU 进行安全分析时发现了许多对车载网关、车载通信模块和车载信息娱乐系统等设备和系统具有较大威胁的安全漏洞,这些漏洞的存在导致汽车极易遭受来自黑客的远程攻击或物理解除攻击,进而出现失控等风险。

2021 年,卡内基梅隆大学 CyLab 研究人员领导的团队利用微控制单元(microcontroller unit,MCU)时钟外设的门控特性和最新发现的新的网络安全漏洞实现了对汽车的远程攻击,并控制一辆福特福克斯汽车和一辆丰田普锐斯汽车迅速关机。

8.2.2　网络安全攻击目标

智能网联汽车利用信息通信网络连接了众多智能传感器组件。这些传感器在车辆运行中发挥着十分重要的作用,如果黑客对其发起攻击,那么智能网联汽车将无法安全稳定运行。不仅如此,黑客对连接各个传感器组件的信息通信网络的攻击也会危害信息安全,导致车辆信息或个人隐私信息泄露,为车主带来财产损失,更有甚者可能威胁车主或其他人的人身安全。具体来说,如图 8-1 所示的组件均可能会成为黑客的攻击目标。

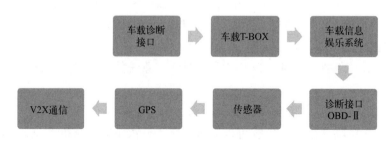

图 8-1　网络安全攻击目标

(1) 车载诊断接口

车载诊断接口（on-board diagnostic port，OBD）能够检测汽车运行状态并广泛采集车辆行驶里程、车辆行驶速度、车辆油耗数据、车辆电池电压、车辆空燃比等数据信息，为车主提供车内 CAN 网络和以太网的实时数据，为其查看汽车数据和了解车辆运行情况提供方便。

现阶段，许多原始设备制造商（original equipment manufacturer，OEM）仍在使用 OBD 接口来升级空中下载技术（over-the-air technology，OTA）机器固件。OBD 可分为 I 型 OBD 和 II 型 OBD 两种，其中 I 型 OBD 就是 OBD-I，具有推出时间早、成熟度低的特点，II 型 OBD 就是诞生于 1996 年并取代 OBD-I 成为新的 OBD 接口的 OBD-II。

(2) 车载 T-BOX

借助车载 T-BOX（telematics BOX，远程信息处理器），车辆实现了与车联网服务平台之间的通信，此外，车载 T-BOX 的功能还包括车辆远程控制、远程查询、报警等。车内 CAN 提供通信数据信息以供车载 T-BOX 读取，信息读取完成后通过无线通信的方式传给云平台或 APP。攻击者可以通过以下几种方法，对车载 T-BOX 进行攻击。

第一种方法是固件逆向，对车载 T-BOX 的固件进行逆向解析，由此可以得到加密算法和密钥以用于通信协议解密，从而窃取和篡改指令。第二种方法是信息窃取，车载 T-BOX 能够读取到 CAN 总线数据，其内部数据可以由车载 T-BOX 的预留调试接口读取到，这样一来用户的通信数据就可以被攻击者窃取到。前两种方法都是用于对信息的窃取，而第三种方法则可以直接取得车辆的控制权，具体来说是通过向汽车发送伪造的云平台控制指令实现的。

(3) 车载信息娱乐系统（IVI）

车载信息娱乐系统的功能有很多，比如实时路况播报、辅助驾驶、故障检测、车身控制，以及 CD、收音机等在线娱乐功能。为实现自身的各种功能，车载信息娱乐系统要用到 USB、蓝牙、Wi-Fi 等多种通信方式，这些都会成为攻击者的攻击面。另外，攻击面还可以是软件升级时取得的系统访问权限。

(4) 诊断接口 OBD-II

OBD-II 是第二代车载诊断接口，用于实现汽车 ECU 与外界之间的交互，借助 OBD-II，可以读取车辆的当前状态和故障码，诊断出车辆存在的问题以进行维修。OBD-II 受攻击会使汽车内部通信协议遭到破解，导致重要信息泄露，而更糟糕的情况则是攻击者借机植入恶意硬件并向车辆发出控制指令，使车辆的控制权落入自己之手，这样造成的后果将是不堪设想的。

(5) 传感器

智能网联汽车与车、人、路、云之间存在大量的通信需求，需配置数量较多的传感器。传感器是智能网联汽车进行环境感知的重要部件，如果受到攻击，则车辆对周围环境的判断会受到影响,并且很可能引发严重后果。

① LiDAR。LiDAR 可以通过发射探测信号并接收目标回波的方式来感知周边环境,判断自身与障碍物之间的距离。智能网联汽车中的 ECU 可以利用 LiDAR 来判断周边环境中是否存在障碍物,并明确车辆与障碍物之间的距离,以便及时启动自动紧急制动系统,避免发生碰撞等危险事件,确保车辆安全运行。

② Radar。Radar 可以通过发射波长在 1～10mm 的电磁波并接收反射回来的信号的方式来实现对周边障碍物的精准感知,并判断出自身与障碍物之间的距离以及相对运动速度。智能网联汽车可以利用 Radar 实现盲点监测、停车辅助和车道保持辅助等多种功能,并在 Radar 的支持下安全稳定运行。

③ 摄像头。摄像头能够广泛采集周边环境信息,为汽车实现自动驾驶或半自动驾驶提供交通标志识别、车道检测、物体探测、距离测量等功能。与 LiDAR 相比,使用摄像头来识别障碍物,测量车辆与障碍物之间的距离可以降低成本,但由于摄像头的性能易受天气影响,因此智能网联汽车需要综合运用摄像头、LiDAR 和 Radar 来获取更加全面的数据信息,从而在数据层面上为实现自动驾驶提供强有力的支撑。

(6) GPS

GPS 可以借助接收器接收来自多个卫星的信号,并根据信号中蕴含的信息精准计算出接收器的具体位置,但 GPS 信号无法直接验证来源,因此 GPS 接收器可能会遭遇干扰和欺骗攻击。对智能网联汽车来说,实现自动驾驶的前提是明确从始发地到目的地之间的路线,因此车辆需要充分利用 GPS 信号来获取位置信息。

(7) V2X 通信

V2X 通信主要包括 V2V 通信和 V2I 通信。其中 V2V 通信为车辆与附近其他车辆之间的数据交换提供了渠道,同时也能迅速获取周边环境信息,帮助智能网联汽车感知边环境;V2I 通信为车辆与路侧设施之间的数据交换提供了渠道,智能网联汽车可以借助路侧的交通基础设施来获取交通系统相关数据信息。

8.2.3 网络安全攻击模型

(1) 根据访问需求划分

从访问需求上来看,攻击模型大致可分为两种类型,分别是远程访问攻击和物理访问攻击(图 8-2)。

图 8-2 基于访问需求的攻击模型

① 远程访问攻击。远程访问攻击是黑客常用的攻击方式。对黑客来说，采用远程访问攻击的方式来对智能网联汽车发起攻击无须在汽车中额外装配设备或修改部件，只需对智能网联汽车的信息数据传输系统进行干扰或破坏即可。

黑客可以通过发送伪造数据、阻塞信号和收集机密数据的方式来实现对智能网联汽车的攻击。具体来说，发送伪造数据就是利用 LiDAR 欺骗、Radar 欺骗、GPS 欺骗、对抗性图像攻击等方式欺骗智能网联汽车的控制系统，并实现对汽车中的各个组件的控制，进而改变汽车的运行状态；阻塞信号就是通过 GPS 干扰、摄像机致盲、激光雷达干扰、毫米波雷达干扰、拒绝服务攻击等限制智能网联汽车传输和接收数据信息，进而让智能网联汽车因缺乏数据信息而无法正常运行；收集机密数据，可以为黑客实施下一步攻击计划提供数据信息层面的支持。

② 物理访问攻击。对黑客来说，采用物理访问攻击的方式，需要提前在智能网联汽车中安装相应的设备或对智能网联汽车中原有的组件进行改动。与远程访问攻击相比，物理访问攻击的实施难度更大，且更容易被发现。但当黑客要对 CAN 或 ECU 发起攻击时，不仅可以选择以远程访问攻击的方式来影响车辆运行，也可以对其进行物理访问攻击。

（2）根据攻击者的动机划分

对于向智能网联汽车发起攻击的黑客来说，攻击模型可以按照攻击动机分为中断操作、控制 ICVs 和窃取信息三种类型，如图 8-3 所示。

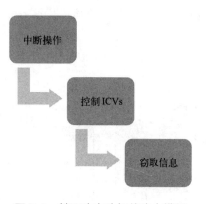

图 8-3　基于攻击动机的攻击模型

① 中断操作：当黑客的攻击动机是限制汽车的自动驾驶相关功能时，会选择通过破坏智能网联汽车中的自动驾驶相关组件的方式来使汽车中的各项功能无法正常服务，进而达到干扰汽车自动驾驶的目的。

② 控制 ICVs：当黑客的攻击动机是改变汽车的运行状态时，会通过控制 ICVs 的方式来实施改变车辆运行路线、改变车辆行驶速度、强制紧急制动等操作。

③ 窃取信息：当黑客的攻击动机是对智能网联汽车进行多次攻击或较为复杂的攻击时，会窃取信息数据来支持自己的下一步攻击行为。

8.2.4 网络攻击防御技术

（1）智能网联汽车设备侧数据安全防御方案

智能网联汽车的各种系统、设备数量逐渐增加，其工作时需要传输的数据量也大幅增加，而这个过程中的数据大多是即时且不成系统的，对这些信息进行传递的难度比较大，如何在实时传输的同时保证数据安全是一个需要思考的问题。

在移动设备、车载设备或路侧设施上使用区块链技术，并基于此技术建立车联网的数据搜索体系，可以加快信息处理、资源调用的速度。在车联网的数据搜索体系内，车辆端数据的存储方法和检索方式都比较特别，可以打破传统的信息存储方式对调用速度的限制，实现信息的高效利用。

在PPoV（parallel proof of vote）的基础上，建立轻量级的共识机制、应用轻量级的数据存储技术，并改善数据读取方法，能够缩小存储规模，更好地利用有限的空间。该方案在许多非金融领域都有比较良好的表现，并能够比较灵活地实现新存储数据的写入，且对各节点设置的污点的容忍度较高，因此，系统运行的延迟较短，成本较低。

一般车辆端、路侧设施端的权限规格是比较高的，从这些端口控制数据的流入，对数据进行筛选，能够减少服务器的负荷，提高各系统运行的速率。这个流程的示意如图8-4所示。

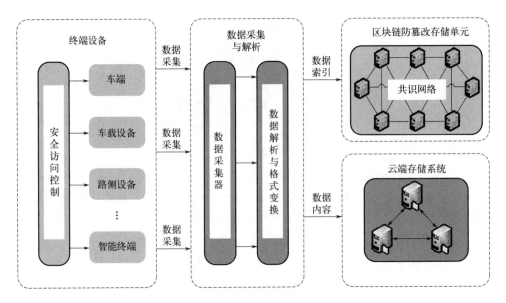

图8-4 设备侧数据处理过程

(2) 智能网联汽车身份认证互信互认安全技术

由于公钥基础设施已经逐渐发展成熟,智能网联汽车的身份认证体系可以利用这项技术,进行身份认证的实践,在实践后建立数字证书的认证系统,从多个角度多次验证身份认证的机制是否能够生效,并对未来的身份认证系统发展做出规划。

① 智能网联汽车身份认证互信互认体系。公钥基础设施技术能够为汽车网络的各节点发放数字身份,让各节点和终端做到身份的互信互认、信息的层层筛选,有效避免恶意攻击获得合法身份,从而进入汽车内部网络的情况发生,提高车联网的网络安全程度。智能网联汽车还面临着一个问题,即在不同地理位置与行业领域,身份认证的规格可能都不同,导致信息无法跨领域共享,这就需要公钥基础设施发挥作用,实现不同地域与行业领域的身份认证。

公钥基础设施技术的应用形式会因地域和行业领域的不同而有一定的不同。每个基础服务平台的生效范围称为一个共享的认证域,这样的认证域有许多个,多个认证域之间的身份发放与识别也会有些许的难度。在这种情况下,可以通过智能网联汽车的安全信任根管理平台生成可信根证书列表来建立可信关系,从而间接完成身份的发放。通过根证书建立互信互认体系的整个过程如图 8-5 所示。

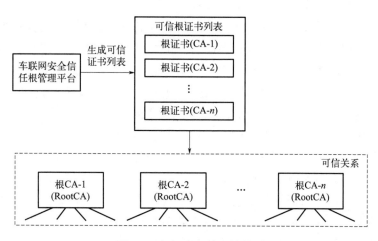

图 8-5　根证书互信互认体系

② 智能网联汽车身份认证互信互认实践。工信部在 2021 年就开始进行车联网的身份认证试点工作,在部分服务区域中推行互信互认流程,从而建立数字身份的认证系统。这一举措通过统一的数字身份将车辆、道路设施、服务平台等终端联系在一起,纳入互信互认的信息传输体系中,再通过根管理技术的支持,进行互信互认系统的实践,进而实现跨地域、跨行业领域的身份互信。车联网信任根管理技术可以将系统使用的信根上传到国家统一的服务平台上,由服务平台参照使用的信任根发放根证书和 CA 证书列表。在汽车端与设施端完成身份识别与检验时,属于不同认证域的设备使用根证书和 CA 证书进行数字身份的校验,完成身份互信互认过程。

③ 智能网联汽车身份认证互信互认技术发展趋势。当前，车联网在车内系统应用和 V2I 方面，主要使用的是 X.509 和 V2X 数字证书的认证系统。其中，X.509 证书系统的服务对象主要是车辆的内网、用户的移动终端和汽车厂商的网络工具，为这些节点提供身份认证，让车内应用在本地与云端之间传输信息时能够实现身份的互认，确保信息的合法性。V2X 证书系统的作用则主要是在车辆与路侧设施进行信息传输时为双方提供注册证书、身份证书等服务器发放的身份证明，确保车辆与路侧设施的通信的合法性，且不会泄露双方的地址与通信的痕迹。

而在未来，车联网的应用将拓展到 V2V、V2I、V2N 等多个场景，并逐渐建立起一个万物互联的信息共享体系。在这个复杂的通信体系中，不同认证域将会发生频繁的信息交换，届时，如何实现高效的身份互信互认将会成为车联网技术发展的一大难题。由于 X.509 与 V2X 证书体系的算法和身份机制都完全一致，因此可以进行一些改进，将二者结合起来，完成 X.509 证书和 V2X 证书相结合的设计，并将设计内容实装。如在证书互信互认管理平台上将两种证书互通使用，从而赋予证书协同认证的能力，提高车联网各应用场景的一体化程度，以及跨地域、行业领域互信互认的效率。

（3）智能网联汽车数据安全保护技术

数据传输行为的发生频率是区别智能网联汽车与一般汽车的重要特征，车与万物的互联以及车辆自身各系统与设备的协同工作都依靠数据通信进行。因此，数据的传输效果决定着智能网联汽车的工作效率、服务水平，数据的安全性也决定着智能网联汽车行驶中的隐私安全、财产安全、人身安全。如何利用相关数据提高智能网联汽车数据的安全性一直是行业内部关心的问题。

① 智能网联汽车数据安全保护技术。目前，针对一些特定的工况，已开始应用不同的数据保护技术，通过使用这些技术，汽车的数据安全得到了一定的保障，这说明相关技术开发是有一定成效的。

其中，隐私计算与数据脱敏技术的使用场景是相对较多的。隐私计算技术主要是指先将数据在车辆内网完成处理，再将匿名的信息转发到外部网络，这些加密过的信息仍然可以被接收、分析、使用，只是安全程度更高，不易被外部攻击破解泄露。加密处理的过程需要同态加密、可信计算等其他几种技术的参与。数据脱敏技术也是在车内网络处理数据，不同的是其主要是对数据进行筛选，删除涉及隐私的信息，让剩下的信息在不易被破解、无法推导车主信息的同时还保留了最基本的通信功能。

② 基于隐私计算保障汽车数据合规应用。虽然隐私计算技术处理的是一手原始数据，但由于在处理时避开了车主的身份，所以即使在汽车内网，也不会造成车主信息的广泛传递。且经过这种技术处理后的信息不易失真，因此可以兼顾信息传输速率与隐私安全。其具体应用场景是当在比较危险的网络环境中建立 V2X 连接时，可以保证匿名建立通信，进而完成协同工作进程。

8.3 车载网络通信安全

8.3.1 车辆信息安全架构与开发

服务于智能网联汽车日渐丰富多样的功能，汽车上安装了更多的电子控制单元（electronic control unit，ECU），与此相关的远程通信也将更加频繁。ECU 的通信对象包括云端、第三方软件等，这些很有可能成为针对汽车的攻击面。

面对汽车网络信息安全风险，电子电气架构的选择十分关键。传统汽车使用的是分布式电子电气架构，当 ECU 达到一定数量时，线束设计和逻辑控制会成为较为棘手的难题，也不利于保护汽车网络信息的安全，总之这一架构已经不能很好地满足汽车的需要。

针对汽车电气系统等互联系统，制定明确的安全流程，是保障汽车网络信息安全的重要举措。为此，美国汽车工程师学会（SAE）发布了 J3061™《信息物理融合系统网络安全指南》，意在创立一个适用于全球范围的标准。

根据 ISO 26262《道路车辆功能安全》，车辆信息安全架构图如图 8-6 所示。

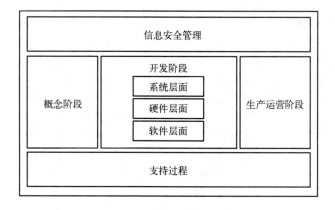

图 8-6 车辆信息安全架构图

车辆信息安全结构包含三个部分：信息安全管理、核心信息安全工程活动、支持过程。

信息安全管理分为不同的层次，有针对车辆整个生命周期的综合管理，也有针对生命周期各个阶段的阶段管理。

如图 8-6 所示，核心信息安全工程活动由概念阶段、开发阶段和生产运营阶段组成，其中开发阶段又分为系统层面、软件层面和硬件层面。

- 在概念阶段做的主要是全局性的工作，为安全项目制定整体计划。这一阶段，要对网络安全边界、系统外部依赖关系、系统潜在威胁等做出识别和评估。

● 在开发阶段，要分析整车系统面对的安全风险和安全威胁，找出系统存在的薄弱环节，根据信息安全问题形成相应的安全策略，开发完成后通过渗透测试对安全性做出评估和确认。

● 在生产运营阶段，需在现场对产品的运行状况进行监控，如果出现安全事件须及时做出响应，并且应对产品进行时间跟踪。

支持过程这一阶段对之前的工作起到辅助作用，具体采用的方式有配置管理、文档管理、供应链管理等。

车辆信息安全开发框架如图 8-7 所示。要想有效地保障车辆信息安全，车辆信息安全系统的开发设计非常关键，而为车辆信息安全系统设计提供基础的是汽车电子电气架构（electronics/electrical，E/E）的系统设计。因此提高 E/E 系统的安全性是车辆信息安全工作的重要举措，为此应通过检查各方面连接找出网络信息安全方面存在的漏洞，这些连接包括与外部环境、车载网络、ECU 以及单个组件的连接等。在测试阶段，检查车辆所具备的信息安全功能处于什么样的水平，是否能够达到较高的信息安全要求，其信息安全架构是否合理稳固。测试完成进入开发阶段后，应当兼顾软硬件设计，通过软件和硬件的互相协调、共同作用，取得更好的网络信息安全效果。

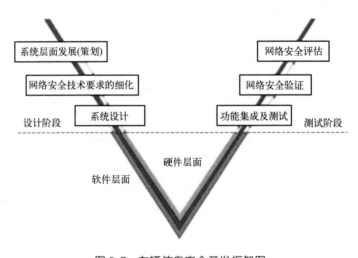

图 8-7　车辆信息安全开发框架图

8.3.2　域集中式 EEA 安全隐患与检测

在汽车电子电气（electrical/electronic，E/E）架构的变革上，特斯拉拥有先驱的地位。以 Model 3 这款车型为例，其电子电气架构由三部分组成：中央计算模块（central computing module，CCM）、左车身控制模块（body control module left-hand，BCM_LH）、右车身控制模块（body control module right-hand，BCM_RH）。

CCM 中包含了 ADAS 驾驶辅助系统和 IVI 信息娱乐系统两个功能域，可以实现对外通信和车内系统域通信。通信功能之外的车身与便利系统、底盘与安全系统以及部分动力系统的功能将交给 BCM_LH 和 BCM_RH。

三大模块配备的处理器都具备很高的性能，以应对功能域内数量极大的计算。功能域内其他 ECU 的控制范围只限于外部设备，为保证安全隔离，域内各系统之间的通信以及各模块之间的通信分别采用不同的渠道，前者为局域网，后者为总线。

（1）域集中式电子电气架构

出于保障信息安全、解决算力不足问题的需要，汽车域集中式电子电气架构（electrical/electronic architecture，EEA）开始得到应用。所谓域集中式电子电气架构，指的是把汽车分为多个功能模块，各个功能模块的构建要借助域控制器这一工具。

对于域内通信，各个功能域对通信速率的需求存在差异，相应地可以选择不同类型的通信总线。目前汽车上常用的总线有 CAN、LIN、FLEXRAY、MOST 等。而不同的功能域之间的通信对于传输速率有着更高的要求，因此以太网是域间通信所采用的方式。域集中式电子电气架构如图 8-8 所示。

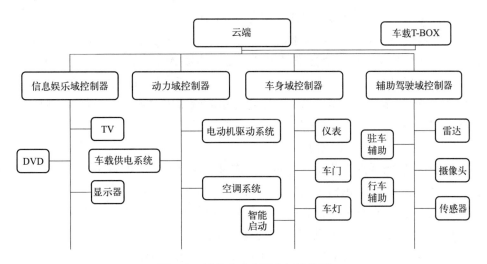

图 8-8　域集中式电子电气架构图

域与云之间、不同的域之间，以及同一域内部的通信，传递者都是域服务器。域内 ECU 的职责较为简单，只对相应的执行器件发出操作指令，因此其对控制器的要求不高，只需具备通信功能。

近年来，为适应智能网联汽车的需求，域集中式电子电气架构实现了智能化、网联化和电气化，在算力和安全防护上展现出了更大的优势。传统的分布式电子电气架构会遇到算力不足的问题，而在域集中式电子电气架构中，每个域都有域控制器，域控制器的内置处理器能够在算力上达到智能网联汽车的要求，对此行业内的多家知名品牌已拥有了自己的技术方案。

（2）域集中式 EEA 安全隐患分析

域集中式电子电气架构将汽车分成多个功能模块，各功能模块对通信速率有着不同的要求。攻击者在进行攻击时，只能从其中一个功能模块入手，这时模块的域控制器能及时检测到攻击，防止其扩散到整车系统，有效地解决了安全隐患。

智能网联汽车可以实现许多连通性功能，导航定位、自动泊车等功能增加了用车过程的便利性，不过安全隐患也随之产生。以攻击方式划分，智能网联汽车的安全隐患体现在以下几个方面：

① 云端层：云平台发挥定位导航、报警、远程控制等功能，是汽车重要信息和数据的存储场所，一旦遭到攻击将产生严重后果，造成不可估量的损失。

② 网络传输层：智能网联汽车会与移动端 App、云平台、其他车辆等多方进行信息交互，这主要采用无线通信的方式，攻击者可能从身份认证、信息加密、通信协议等方面入手对无线通信实施攻击，窃取用户的信息和数据。

③ 车载通信层：更多的车辆外部接口会为车内通信和数据传输过程带来更多的安全隐患，其中通信过程的隐患主要是在 ECU 固件上。

④ 外部接口：攻击者可以通过第三方 App 这一外部接口发动对汽车的攻击，由于 App 种类繁多，其安全性难以得到保证。借助 App 入侵，入侵者甚至可以在很远的距离以外取得汽车的操控权。此外，攻击者还可能利用电动汽车充电枪和充电桩之间的通信接口，此接口遭到攻击会对电动汽车能源系统产生重大影响，并且有可能危及生命。

（3）域集中式 EEA 安全检测

在开展智能网联汽车信息安全防护工作时，应针对不同的攻击阶段，制定出系统性防护措施，措施应包括主动防护、入侵监测、应急处理三方面。主动防护用于攻击发生之前，审查汽车通信数据，充分地了解常见的攻击方法，准备好相应的对策。攻击发生后进行入侵监测和应急处理，监控通信状态受攻击影响发生的变动，如果察觉到攻击将要引发危险，应及时采取应急措施加以阻止。

入侵监测要以多域分层的方式来进行，建立相应的检测模型。模型的建立要考虑两个方面，一是要适用于当前汽车信息安全技术，二是要适应域集中式电子电气架构的需要。具体而言，分层检测主要涉及云端层、域控制器层、ECU 层、网络传输层，每层都要有相应的主动防护措施，使安全防护更有针对性。多域分层入侵监测如图 8-9 所示。

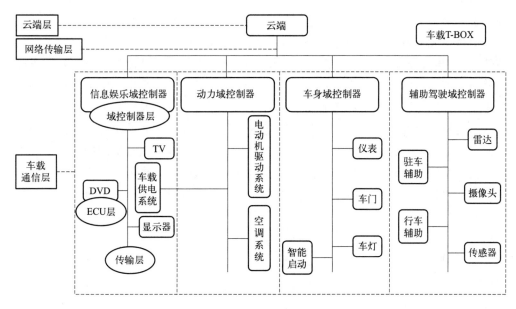

图 8-9　多域分层入侵监测示意图

8.3.3　域控制器层的安全防护

域集中式电子电气架构中，域控制器的地位非常关键。对于架构中的每个域来说，域控制器是一个独立控制器，负责完成整个域的计算，同时域内部、不同域之间、域与云端之间的通信都要依靠它来实现。在车内外信息交互的过程中，域控制器扮演着安全边界的作用，可以作为汽车信息安全防护的重要切入点。具体措施是在域控制器这一安全边界筑起安全防火墙，发挥安全屏障的作用，实行访问控制，拦阻不符合条件的数据信息。

防火墙执行访问控制功能需要借助一个通信报文的白名单数据库。汽车通信报文包含 ID、数据信息、校验位三个主要部分。其中 ID 用来表示报文传输优先级和目的地址，数据信息用于操作指令的确定，数据信息的完整性则由校验位来保证。防火墙会检查报文请求的 ID，如果其 ID 见于白名单，则将被允许通过，反之则会遭到拒绝。

入侵异常检测方法是防火墙较常使用的异常检测技术。这一方法会收集大量处于正常行驶状态的汽车的通信数据，通过数据分析得到汽车通信网络安全模型，参照该模型监控用户和系统的数据行为，如果发现异常情况将发出报警。汽车的报文有周期报文和事件触发报文两种，入侵异常检测技术会按照报文的种类构建相应的模型。

周期报文有固定的发送周期，因此与之对应的入侵检测模型会设置一个周期阈值，如果一件报文的发送周期超出了这一阈值，则将不被允许通过。与周期报文不同，事件触发报文没有固定的发送周期，无法根据周期建立模型。

但是，大多数报文的操作指令之间存在着较为明确的关联性，举例来说，当车速信号越强时，制动信号就越弱，即两者之间呈负相关，另外油门踏板信号和车速信号呈正相关。可以基于这些相关性确立入侵检测模型，如果报文的关联被检测到超出了正常的范围，那么就将被视作入侵行为，针对入侵行为将发出报警。

受限于计算能力，汽车车载芯片不能保证在安全性和实时性两方面同时取得最佳效果。现行入侵检测方法需满足实时性的要求，同时确保入侵检测的有效性。当前，根据车载报文流量进行入侵监测，这种方法所取得的效果最好。安全防火墙的入侵检测包括访问控制、通信标准检测、异常分析等部分，其流程如图8-10所示。

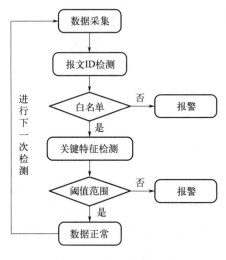

图 8-10　入侵检测流程

8.3.4　车内网络层的安全防护

对于安全防护机制来说，车内网络层是域控制器层之后的第二道防线，域内网络传输安全是网络安全的重要组成部分。车载传输网络因功能域通信要求而异，大部分功能域使用CAN总线通信。CAN总线成本较低，拥有合格的通信速率，能够较好地抵抗电磁的干扰，这些优点使它多被用于汽车电控系统和车内网络通信。

不过，CAN总线本身存在一定的缺点，其采用的是广播式通信和非破坏性总线仲裁方式，这些都有可能使它成为攻击面，对此应通过制定通信安全协议来做出应对。比如，CAN总线用广播来传送报文，将消息发送至所有节点，这样消息很容易遭到窃听。还有，CAN总线协议中不显示原始地址信息，ID只用来表示报文的优先级，这样报文的真实性无从确认，这给了攻击者极大的可乘之机，可以对报文进行伪造和篡改。CAN总线遭受攻击可能导致控制指令无法正常生效，影响汽车正常驾驶。

一般来说，CAN 是具有广播特性的总线型网络，汽车 ECU 可以利用 CAN 总线连接大量节点，并向这些节点传输不包括认证字段的网络数据包。当黑客对 CAN 总线中的某一节点进行攻击时，不仅能够窃取到该节点的数据信息，还能截获在 CAN 总线中传输的所有网络数据，并利用 CAN 总线向与之连接的各个节点传播恶意数据，破坏整个 CAN 系统。

通信安全协议的设计包括 ECU 节点校验和传输数据信息加密两个方面，分别对应汽车行驶前和行驶过程中两个不同的阶段。ECU 节点校验即是赋予节点以合法性，这是通过 ECU 的身份认证来实现的。ECU 的身份由域控制器所分配，分配完成后 ECU 请求域服务器对其身份做出认证。

行驶中车载网络会产生许多通信信息，这些信息有可能遭到窃听和篡改，因此信息的加密是一项必要的工作。加密所使用的算法是 AES 对称加密算法，这是为了满足汽车对实时性的要求。ECU 身份认证流程和 CAN 通信加密报文格式分别如图 8-11 和图 8-12 所示。

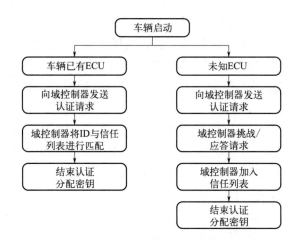

图 8-11　ECU 身份认证流程

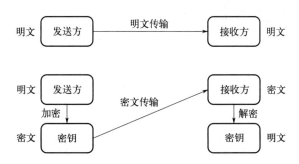

图 8-12　CAN 通信加密报文格式

对称加密这种加密算法的主要特点是加密和解密使用的是同一密钥，它的计算量比较小，加密速度比较快，这是其优势所在。对称加密也存在缺点，比如密钥需在数据传输前由加密方和解密方共同商定，以供双方使用，一定程度上使操作步骤变得更加复杂；还有，密钥由双方事先共同知晓，则任何一方的密钥泄露都会使信息的安全性受到威胁。

汽车数据对于安全性和实时性有着一定的要求，为了满足这样的要求，ECU 的发送和接收可基于通过校验的 ECU ID 和数据，数据加密时选用的密钥为独立的加密表，加密表的加密难易度是动态的，依据汽车的实时状态而变动，更好地维护汽车数据的安全性。

8.3.5 汽车 ECU 层的安全防护

汽车 ECU 是具有控制作用的嵌入式电子系统，能够通过对智能网联汽车中的各个子系统的有效控制实现制动控制、发动机控制和轮胎压力监测等功能。

具体来说，汽车 ECU 中的制动控制模块可以通过对轮速传感器和制动系统中的数据信息的分析来实现对制动压力释放时机的精准判断；汽车 ECU 中的发动机控制模块可以通过各个传感器广泛采集各个组件的运行状态相关数据，进而实现对燃料、空气和火花塞的有效控制；汽车 ECU 中的轮胎压力监测系统可以通过装配在轮胎处的传感器获取轮胎压力相关数据，并判断当前的轮胎压力能否支持车辆安全稳定运行。

固件防护是 ECU 层安全防护的关键点，具体而言，是要避免固件遭到刷写、外界访问和恶意更改。由成本所决定，ECU 安全防护措施的等级因功能的不同而存在差异，这体现在不同的硬件安全模块的使用上。硬件安全模块（hardware security module）是一种计算机硬件设备，可以用来保护和管理密钥，并给出密钥对应的密码学操作。硬件安全模块主要有轻量级、中量级、重量级三种。轻量级硬件安全模块用于车身域 ECU；动力域、信息娱乐域、辅助驾驶域的 ECU 所需要的安全防护等级更高，因此使用中量级硬件安全模块；而控制器的 ECU，包括车身域、动力域、信息娱乐域、辅助驾驶域的控制器，对于安全防护等级的需求还要更高，因而采用的是重量级硬件安全模块。

参考文献

[1] 《中国公路学报》编辑部. 中国汽车工程学术研究综述·2023[J]. 中国公路学报, 2023,36(11): 1-192.

[2] 丁飞, 张楠, 李升波, 等. 智能网联车路云协同系统架构与关键技术研究综述[J]. 自动化学报, 2022,48(12):2863-2885.

[3] 陈山枝. 蜂窝车联网(C-V2X)及其赋能智能网联汽车发展的辩思与建议[J]. 电信科学, 2022, 38(07):1-17.

[4] 邱彬, 王芳, 刘万祥. 中国汽车产业发展趋势分析[J]. 汽车工业研究, 2022(01):2-9.

[5] 陈山枝, 葛雨明, 时岩. 蜂窝车联网(C-V2X)技术发展、应用及展望[J]. 电信科学, 2022, 38(01):1-12.

[6] 宋涛, 李秀华, 李辉, 等. 大数据时代下车联网安全加密认证技术研究综述[J]. 计算机科学, 2022,49(04):340-353.

[7] 王韬. 汽车智能座舱设计现状及发展趋势研究[J]. 时代汽车, 2021(23):158-159.

[8] 徐文轩, 李伟. 无人驾驶汽车环境感知与定位技术[J]. 汽车科技, 2021(06):53-60+52.

[9] 黄琛, 尹彤, 王建明. 高精度地图标准化建设探讨[J]. 中国标准化, 2021(21):89-93.

[10] 崔明阳, 黄荷叶, 许庆, 等. 智能网联汽车架构、功能与应用关键技术[J]. 清华大学学报(自然科学版), 2022,62(03):493-508.

[11] 杨振凯, 华一新, 訾璐, 等. 浅析高精度地图发展现状及关键技术[J]. 测绘通报, 2021, (06):54-60.DOI:10.13474/j.cnki.11-2246.2021.0176.

[12] 洪金龙, 高炳钊, 董世营, 等. 智能网联汽车节能优化关键问题与研究进展[J]. 中国公路学报, 2021,34(11):306-334.

[13] 赵万忠, 张寒, 邹松春, 等. 线控转向系统控制技术综述[J]. 汽车安全与节能学报, 2021, 12(01):18-34.

[14] 郁淑聪, 孟健, 张渤. 浅谈汽车智能座舱发展现状及未来趋势[J]. 时代汽车, 2021(05):10-11.

[15] 臧金环, 李春玲. 《新能源汽车产业发展规划(2021—2035年)》调整解读[J]. 汽车工艺师, 2021(Z1):32-34.

[16] 王镭, 庞有俊, 王亚芳. 智能座舱HMI人机交互界面体验及未来趋势浅析[J]. 时代汽车, 2021(03):15-17+20.

[17] 李克强. 智能网联汽车创新发展的探索与实践[J]. 汽车纵横, 2021,(01):18-19.

[18] 袁朝春, 宋金行, 何友国, 等. 基于行人轨迹预测的无人驾驶汽车主动避撞算法[J]. 江苏大学学报(自然科学版), 2021,42(01):1-8.

[19] 肖瑶, 刘会衡, 程晓红. 车联网关键技术及其发展趋势与挑战[J]. 通信技术, 2021, 54(01):1-8.

[20] 姚海敏, 冯霏, 陈建华. 基于高精度地图及多传感器融合定位的车路协同应用实践[J]. 测绘地理信息, 2022,47(03):65-69.

[21] 李克强，常雪阳，李家文，等．智能网联汽车云控系统及其实现 [J]．汽车工程，2020，42(12):1595-1605．

[22] 中国汽车工程学会．节能与新能源汽车技术路线图 2.0[M]．北京：机械工业出版社，2021．

[23] 郭王虎．智能网联汽车技术路线图 2.0 发布 [J]．智能网联汽车，2020(06):10-13．

[24] 谭征宇，戴宁一，张瑞佛，等．智能网联汽车人机交互研究现状及展望 [J]．计算机集成制造系统，2020,26(10):2615-2632．

[25] 杨澜，赵祥模，吴国垣，等．智能网联汽车协同生态驾驶策略综述 [J]．交通运输工程学报，2020,20(05):58-72．

[26] 李克强，李家文，常雪阳，等．智能网联汽车云控系统原理及其典型应用 [J]．汽车安全与节能学报，2020,11(03):261-275．

[27] 邓戬．智能网联汽车电子电气架构设计与试验研究 [D]．长春：吉林大学，2020．

[28] 赵明．边缘计算技术及应用综述 [J]．计算机科学，2020,47(S1):268-272+282．

[29] 陈山枝，时岩，胡金玲．蜂窝车联网(C-V2X)综述 [J]．中国科学基金，2020,34(02):179-185．

[30] 贾计东，张明路．人机安全交互技术研究进展及发展趋势 [J]．机械工程学报，2020,56(03):16-30．

[31] 金博，胡延明．C-V2X 车联网产业发展综述与展望 [J]．电信科学，2020,36(03):93-99．

[32] 周满满．智能座舱技术对汽车产业链组织结构的影响 [J]．汽车与配件，2020(03):49-51．

[33] 缪立新，王发平．V2X 车联网关键技术研究及应用综述 [J]．汽车工程学报，2020,10(01):1-12．

[34] 刘睿健．自动驾驶新标配之"聪明的车＋智能的路"——车路协同自动驾驶系统初探 [J]．中国交通信息化，2019(11):18-26．

[35] 王亚辉．智能汽车座舱人机交互认知机制与评价方法研究 [D]．西安：西北工业大学，2019．

[36] 杨明珠．基于边缘计算的自动驾驶高精度地图建图与定位方法 [J]．自动化博览，2019(09):30-33．

[37] 张晓聪．汽车智能座舱发展现状及未来趋势 [J]．汽车纵横，2019(08):42-45．

[38] 兰京．无人驾驶汽车发展现状及关键技术分析 [J]．内燃机与配件，2019(15):209-210．

[39] 陈晓冬，张佳琛，庞伟淞，等．智能驾驶车载激光雷达关键技术与应用算法 [J]．光电工程，2019,46(07):34-46．

[40] 李立，徐志刚，赵祥模，等．智能网联汽车运动规划方法研究综述 [J]．中国公路学报，2019,32(06):20-33．

[41] 张丹，余晓敏，王海涛．北斗高精度服务保障技术方案探索 [J]．测绘通报，2019(05):98-101．

[42] 张风奇，胡晓松，许康辉，等．混合动力汽车模型预测能量管理研究现状与展望 [J]．机械工程学报，2019,55(10):86-108．

[43] 李兴华，钟成，陈颖，等．车联网安全综述 [J]．信息安全学报，2019,4(03):17-33．

[44] 刘毅刚．智能座舱趋势研究 [J]．广东化工，2019,46(08):120-122．

[45] 罗峰，胡强，刘宇．基于 CAN-FD 总线的车载网络安全通信 [J]．同济大学学报 (自然科学版)，2019,47(03):386-391．

[46] 李烁. 自动驾驶汽车立法问题研究 [J]. 行政法学研究，2019(02):104-113.

[47] 邓晓峰，王润民，徐志刚，等. 我国智能网联汽车测试及示范基地发展现状 [J]. 汽车工业研究，2019(01):6-13.

[48] 申泽邦. 面向自动驾驶的高精度地图优化和定位技术研究 [D]. 兰州：兰州大学，2019.

[49] 田喜清，韩伟. 无人驾驶汽车及其法律规制 [J]. 长安大学学报（社会科学版），2019,21(01):24-31.

[50] 王栋梁，汤利顺，陈博，等. 智能网联汽车整车OTA功能设计研究 [J]. 汽车技术，2018(10):29-33.

[51] 黄语骁. 车联网网络安全技术研究 [J]. 电子世界，2018(19):49-50.

[52] 宫慧琪，牛芳. 自动驾驶关键技术与产业发展态势研究 [J]. 信息通信技术与政策，2018(08):45-50.

[53] 陈山枝，胡金玲，时岩，等. LTE-V2X车联网技术、标准与应用 [J]. 电信科学，2018,34(04):1-11.

[54] 江溯. 自动驾驶汽车对法律的挑战 [J]. 中国法律评论，2018(02):180-189.

[55] 王艺，蔡英凤，陈龙，等. 基于模型预测控制的智能网联汽车路径跟踪控制器设计 [J]. 机械工程学报，2019,55(08):136-144+153.

[56] 边明远，李克强. 以智能网联汽车为载体的汽车强国战略顶层设计 [J]. 中国工程科学，2018,20(01):52-58.

[57] 赵新勇，李珊珊，夏晓敬. 大数据时代新技术在智能交通中的应用 [J]. 交通运输研究，2017,3(05):1-7.

[58] 冯春林. 我国智能网联汽车产业的发展困境与应对策略 [J]. 当代经济管理，2018,40(05):64-70.

[59] 《中国公路学报》编辑部. 中国汽车工程学术研究综述·2017[J]. 中国公路学报，2017,30(06):1-197.

[60] 陈虹，郭露露，边宁. 对汽车智能化进程及其关键技术的思考 [J]. 科技导报，2017,35(11):52-59.

[61] 丁婉婷. 智能网联汽车高速公路自主性换道决策模型研究 [D]. 南京：东南大学，2017.

[62] 汪涛. 智能行驶车辆定位技术研究 [D]. 长春：吉林大学，2017.

[63] 李克强，戴一凡，李升波，等. 智能网联汽车 (ICV) 技术的发展现状及趋势 [J]. 汽车安全与节能学报，2017,8(01):1-14.

[64] 顾海燕. 车联网环境下高速公路车辆跟驰模型及仿真研究 [D]. 南京：东南大学，2017.

[65] 王世峰，戴祥，徐宁，等. 无人驾驶汽车环境感知技术综述 [J]. 长春理工大学学报（自然科学版），2017,40(01):1-6.

[66] 雷洪钧. 节能与新能源汽车技术路线图 [J]. 时代汽车，2017(01):12-15+18.

[67] 王艺帆. 自动驾驶汽车感知系统关键技术综述 [J]. 汽车电器，2016(12):12-16.

[68] 周旺. 高精度地图的构建及在定位和标注中的应用研究 [D]. 长沙：国防科学技术大学，2016.

[69] 黎宇科，刘宇. 国内智能网联汽车发展现状及建议 [J]. 汽车与配件，2016(41):56-59.

[70] 黎宇科，刘宇. 国外智能网联汽车发展现状及启示 [J]. 汽车工业研究，2016(10):30-36.

[71] 节能与新能源汽车技术路线图战略咨询委员会，中国汽车工程学会. 节能与新能源汽车技术路线图 [M]. 北京：机械工业出版社，2016.

[72] 黄武陵. 激光雷达在无人驾驶环境感知中的应用 [J]. 单片机与嵌入式系统应用，2016, 16(10):3-7.

[73] 郭景华, 李克强, 罗禹贡. 智能车辆运动控制研究综述 [J]. 汽车安全与节能学报，2016, 7(02):151-159.

[74] 于赫. 网联汽车信息安全问题及 CAN 总线异常检测技术研究 [D]. 长春：吉林大学，2016.

[75] 陈荆花, 黄晓彬, 李洁. 面向智能网联汽车的 V2X 通信技术探讨 [J]. 电信技术，2016(05):24-27.

[76] 王俊. 无人驾驶车辆环境感知系统关键技术研究 [D]. 合肥：中国科学技术大学，2016.

[77] 刘宗巍, 匡旭, 赵福全. 中国车联网产业发展现状、瓶颈及应对策略 [J]. 科技管理研究，2016, 36(04):121-127.

[78] 杨南, 康荣保. 车联网安全威胁分析及防护思路 [J]. 通信技术，2015,48(12):1421-1426.

[79] 张亚萍, 刘华, 李碧钰, 等. 智能网联汽车技术与标准发展研究 [J]. 上海汽车，2015(08):55-59.

[80] 任开明, 李纪舟, 刘玲艳, 等. 车联网通信技术发展现状及趋势研究 [J]. 通信技术，2015, 48(05):507-513.

[81] 李静林, 刘志晗, 杨放春. 车联网体系结构及其关键技术 [J]. 北京邮电大学学报，2014, 37(06):95-100.

[82] 周户星. 车联网环境下交通信息采集与处理方法研究 [D]. 长春：吉林大学，2013.

[83] 杨俊英. 重型商用车 AMT 换挡转速同步控制技术研究 [D]. 长春：吉林大学，2008.

[84] 朱华旭. 基于 CAN/LIN 总线的车载网络通信的应用研究 [D]. 武汉：武汉理工大学，2006.

[85] 赵祥模, 郭晓汾, 徐志刚, 等. 汽车检测控制系统网络通信技术 [J]. 交通运输工程学报，2006(01):98-102.

[86] 曾诚. 基于 CAN-BUS 的汽车防撞报警系统控制单元的研究开发 [D]. 西安：长安大学，2004.